JN063489

公教育計画研究　15

特集：集過重負担化するカリキュラム

——カリキュラム・オーバーロード論を手掛かりに

公教育計画学会・編

2024

第15号の刊行にあたって

　教育現場の働き方改革の議論や「子供たちの深い学び」についての議論を展開する場合、その前提として学習内容が存在する。これは極めて基本的なことであるが、教員の学校での労働のコアは子供たちの学習権保証であり、その中核に学習の内容がある。子供たちは学校での生活のうちで授業を受けている時間が最も長い。その授業の中身を基本的に規定するのが「学習指導要領」であることは指摘するまでもないが、子供たちの学びの実態の議論や教員の働き方改革の議論でその点がなかなか深められていない。小学校教員で1週間持ち授業数が週28時間という人や中学校で部活の指導時間だけで週10時間を超える人も珍しくない。

　週40時間労働を基準として看ると、小学校は授業時間以外12時間であるが、これには校内委員会の会議時間、生活指導や給食指導、掃除指導を含むため、授業研究や教材研究の時間は十分に取れない。教員の労働は授業だけ展開すればよいというものではないのである。十分な研究なしに授業をこなすか、睡眠時間を削り授業案を作るかのどちらかということが日常化するが、前者は準備不足で、後者は過労で十分な成果が出るかは疑わしい。しかし教員たちはこれを避けるために努力するので、労働時間はいやおうなしに長時間化する。政府が肝いりで働き方改革を推し進めても、実際の労働時間は予想外に減少していないのが現状である。

　これに加え子供たちに「新たな社会の対応する学力」をつけなければならないのであるが、学習内容がかなり多くなっている。教科ごとに必要と考えられる内容を、既存の内容を減らすことなく盛り込むのだから、トータルにみるとかなりの学習量となる。教員はそれを子供たちに「教える」。

　これを子供の側から見ると、学習する内容が多いということは消化不良を起こす可能性がある。もちろんしっかりと学習し、身につけなければ、「進学」時に苦労することになることは多くの子供たちは理解しているので、それなりに努力することになる。「グローバル社会」「IT社会」などこれからの将来社会に必要な資質・能力は政策立案者側から見たら当然必要であるということになるが、子供から見たら「新しい社会が必要だから」といって学ぶべき内容が複雑化、多量化したらたまったものではない。「平均的な」子供が1年間の学習で獲得できる知識の量はある程度限界があることは議論な

いだろう。子供たち一人一人の学習に対するモチベーションが違うので、具体的な数値は明確化できないが、学校教育実践で指導可能な学習量というものは、教育の現場で日々の実践を積み重ねている教員たちの「実感」からわかるのではないかと考えられる。

　近年、「カリキュラム・オーバーロード」論という論理が取り上げられるようになった。要約するとナショナルカリキュラムである学習指導要領は、あくまで「基準」で、子供一人一人の能力により「すべて学び切らなくても」柔軟に指導していけばよいのではないかという議論である。この論理の特徴と問題点は「学習指導要領」を考えるうえで、多くの論点を含んでいる。また、このような論理が出てくる前に、教育現場に軸足を置いた教育課程の自主編成論が戦後教育運動の中には存在していた。

　本特「集過重負担化するカリキュラム——カリキュラム・オーバーロード論を手掛かりに」は学ぶ内容とその成立契機に問題意識の軸を置きながら、公教育の学びにあり方に迫っていこうとしたものである。「カリキュラム・オバーロード」論についての総合的検討を大森直樹会員、戦後カリキュラムの編成論については元井一郎会員が執筆の労をとられた。編集委員会の意図が読者に伝わり、議論が広がることを期待します。

年報編集委員長　相庭和彦

公教育計画学会年報第15号　過重負担化するカリキュラム
——カリキュラム・オーバーロード論を手掛かりに
目次

第15号の刊行にあたって　　　　　　　　　　　　　　　　相庭和彦　002

特集　過重負担化するカリキュラム
——カリキュラム・オーバーロード論を手掛かりに

2つのカリキュラム・オーバーロード論
　——次期教育課程基準改訂の焦点　　　　　　　　　　大森直樹　008

海老原「総合学習」論の論理構成とその可能性　　　　　　元井一郎　030

シンポジウム次期教育振興基本計画と教育の自由・報告

シンポジウム開催の趣旨　　　　　　　　　　　　　　　元井一郎　046

21世紀　文科省は国民教育を実施する能力を失っているのではないか
　　　　　　　　　　　　　　　　　　　　　　　　　　中村文夫　050

教職員に「無理をさせ、無理をするなと、無理を言う」構造とどう対峙するか
　——特に「令和の日本型学校」における教員養成・採用・研修のあり方
　　を問う　　　　　　　　　　　　　　　　　　　　　住友剛　057

すべての子どもと保護者の「幸福」の実現に繋がる家庭教育支援とは
　　　　　　　　　　　　　　　　　　　　　　　　　　山本詩織　062

投稿論文

インクルーシヴ教育（保育）の内容や方法に関する一考察
　——イタリアボローニャ市AEMOCONの思想と実践から
　　　　　　　　　　　　　　　　　　　　　　金子珠世・二見妙子　070

研究ノート

原発災害と向き合った教育実践　　　　　　　　　宮里和希　090

社会保障の意義を考える高等学校公民科の実践的研究　宮崎三喜男　109

【連載論稿：教育労働を考える】

「教員の職務」の捉え方の正しさを問う
　──給特法成立直後の訓令との齟齬と事務次官通達の趣旨等
　を手掛かりとして　　　　　　　　　　　　　福山文子　126

【連載論稿：先人の知恵に学ぶ】

旅する人　宮本常一　　　　　　　　　　　　　　中村文夫　148

書評

中村文夫編著
『足元からの学校の安全保障
　──無償化・学校環境・学力・インクルーシブ教育』　大森直樹　156

渡邊洋子編著
『医療専門職のための生涯キャリアヒストリー法
　働く人生を振り返り、展望する』　　　　　　　住友　剛　160

濱元伸彦・中西広大著
『学校選択制は学校の「切磋琢磨」をもたらしたか
　──大阪市の学校選択制の政策分析から』　　　元井一郎　164

渡邊洋子著
『新版　生涯学習時代の成人教育学
　──学習者支援へのアドヴォカシー』　　　　　山本詩織　169

英文摘要　　　　　　　　　　　　　　　　　　編集委員会　174

学会動向・学会関係記事──会則・事務組織・年報編集規程等　　182

編集後記　　　　　　　　　　　　　　　　　　　福山文子　190

特集
過重負担化するカリキュラム
——カリキュラム・オーバーロード論を手掛かりに

２つのカリキュラム・オーバーロード論
——次期教育課程基準改訂の焦点

大森　直樹

はじめに

　2020年頃から、カリキュラム・オーバーロードという言葉で教育課程の課題を論じる動きが文部科学省の周辺で始まっている。その語義については「カリキュラムにおいて、学校や教師、生徒に過大な負担がかかっている状態」（白井2020：203）といった説明が行われている。その対策としては、知識よりも資質・能力を基盤にして内容を精選していくこと等が論じられている。本稿では、これらを「「資質・能力重視」のカリキュラム・オーバーロード論」と呼称することにしたい。この論は現場の課題の解決に役立つものなのか。その真偽を明らかにすることが本稿の１つ目の目的である。

　ここで注意を払いたいのは、これまでも教育課程の内容の過多や子どもの負担に関しては多くの言及や代案の提出が教育現場の側から行われてきたことである。本稿では、これらを「現場からのカリキュラム・オーバーロード論」と呼称することにしたい。この論にはいかなる特徴があるのか。その意義と課題についても論じることが本稿の２つ目の目的である。

　以上を通じて、次期教育課程基準改訂の焦点を明らかにする課題にも本稿では接近していきたい（３つ目の目的）。その焦点とは、１つ目のカリキュラム・オーバーロード論が述べるように「資質・能力重視」の徹底となるべきなのか、それらとは異なるものとなるべきなのかを見定めていきたい。

　本稿の前提となる基本的な問題意識についても記しておきたい。まず、教育課程と教育課程基準の関係を歴史的に理解することである。日本の教育課程は、①国が省令と告示で教育課程基準を定めて（1947年）、②国がその法的拘束力を主張し（1958年）、それらにもとづき、③学校が定め

る、という制度下に置かれてきた。教育課程をこうした制度下に置くことについては、兼子仁や海老原治善ほかよる異論があることにも注意を払いたい。教育課程基準のあり方に対しては、その影響力の大きさに対応したきびしい検証が行われるべきだろう。

教育課程基準の範囲も明確にしておきたい。ここでは 3 つに整理したい。1 つは学校教育法施行規則（省令）50条が定める教科・領域（中学は72条）。2 つは同51条が定める標準時数（中学は73条）。3 つは同52条にもとづき（中学は74条）学習指導要領（告示）が別に定める内容、である。

教育課程基準を 3 つに整理する根拠についても述べておく。まず、学校教育法施行規則（以下、施行規則）52条には、「小学校の教育課程については、この節に定めるもののほか、教育課程の基準として文部科学大臣が別に公示する小学校学習指導要領によるものとする」とある。施行規則の文言上、「教育課程の基準」は、学習指導要領（以下、指導要領）を意味する言葉になっている。

同条が、「小学校の教育課程」について「この節に定めるもの」に「よるものとする」と述べていることにも注目したい。「この節に定めるもの」には、50条が教科・領域を定めていること、51条が標準時数を定めていることが含まれている。本稿では、この条文もふまえて、教育課程基準という言葉の範囲を、教科・領域と標準時数にまで広げて用いることにしたい。

国が教育課程に及ぼす影響については、これまで内容についての議論が中心になっており（兼子仁1978）、教科・領域についての議論は少なく、標準時数についての議論はさらに少ない。本稿は、これまで等閑視されていた標準時数にも光を当てて、教育課程基準の全体についての議論に着手しようとするものでもある。

1．「資質・能力重視」のカリキュラム・オーバーロード論

本稿では「資質・能力重視」のカリキュラム・オーバーロード論として以下の文献を取り上げたい。

白井俊（2020）『OECD Education2030プロジェクトが描く教育の未来』
　　ミネルヴァ書房

白井俊（2021）「カリキュラム・オーバーロードをめぐる国際的な動向」那須正裕編著『「少ない時数で豊かに学ぶ」授業のつくり方』ぎょうせい

合田哲雄（2021）「我が国の教育政策とカリキュラム・オーバーロード」『同上書』

奈須正裕（2021a）「資質・能力を基盤とした教育からみた、カリキュラム・オーバーロード克服の可能性」『同上書』

奈須正裕（2021b）「おわりに」『同上書』

合田哲雄（2022）「第3回　ラウンドテーブルディスカッション」『教育展望』2022年4月（同ディスカッションでの発言）

　白井俊は、1976年生、2000年文部省入省、2015年にOECD教育スキル局アナリストをへた文科官僚である。2021年8月時点で、文部科学省初等中等教育企画課教育制度改革室長。東京学芸大学客員教授も兼職してきた。

　奈須正裕は、1961年生、神奈川大学助教授、国立教育研究所室長、立教大学教授などをへて、上智大学教授。中教審初等中等教育分科会教育課程部会委員として2017指導要領の策定に関与してきた。

　合田哲雄は、1992年文部省入省、2008指導要領を担当、2015年に初等中等教育局教育課程課長となり2017指導要領を担当してきた文科官僚である。内閣府をへて2022年文化庁次長。上越教育大学（教育課程行政特論）と東京大学（高等教育政策論）の非常勤講師も兼職してきた。

カリキュラム・オーバーロードの語義

　白井は2021年に公表した文献の中では、「一般に、カリキュラムの内容が過多になっていて、学校や教師、生徒に過大な負担がかかっている状態として捉えられている」（白井2021：2）と説明している。内容の過多に着目している。

　奈須は、「カリキュラム・オーバーロードとは、授業時数との関係において、教育内容なり学習活動が過剰になっている状態を指す」（奈須2021b：187）と説明している。時数に対する内容と活動の過剰に着目している。白井と異なり時数への言及はあるが、時数そのものの過剰には重きを置かずに、主として内容と活動の過剰に着目した説明となっている。

カリキュラム・オーバーロードの原因

　白井はその原因について、２つに整理して述べている。１つ目は新たなコンピテンシーやコンテンツに対するニーズの発生に伴うもの。２つ目は教師や生徒・保護者の反応に伴うもの。

　その２つ目に関して教師の反応とは、「総論としてはオーバーロードの問題を認識しながらも、自らの専門教科についての各論については、オーバーロードを容認したり、むしろコンテンツの追加を求めている可能性」があることである。生徒・保護者の反応とは、「日本では入試を重視する傾向が根強く、より多くのことをカリキュラムにおいて教えるべきとの期待が強い」（白井2021：11）ことである。

　奈須は、白井が整理した１つ目に関して、実質陶冶と形式陶冶という言葉を使って原因を３段で論じている。

　第１段、「多くの場合、新たな教育内容のカリキュラムへの組み入れ」は「その内容自体に関する実用上の要求（実質陶冶）から生じる」。

　第２段、「教育内容の実用性が時代や社会の変化等」により消失・低下しても、「なおその内容を引き続きカリキュラム内に留める論拠として、より一般的な能力の涵養（形式陶冶）が主張」されることが多い。

　第３段、「かくして、カリキュラムには旧来の内容がほぼそのままに残るとともに、次々と新しい内容が入って」くる。「オーバーロードが生じるのは必然であり、過剰さの度合いはどこまでも高まり続けていく。世界中の教育者を悩ましている難問は、実にシンプルかつ普遍的なメカニズム」で生じていたと説明している（奈須2021a：36 - 38）。

　奈須は、各国の教育課程を通じた一般論としての説明に力点を置いているようである。

カリキュラム・オーバーロードの対応策

　白井は２つのことを重視している（白井2021：12）。１つ目はカリキュラムの内容の見直しについて。「重要なのは、どのようなコンテンツをカリキュラムに入れるのか（あるいは入れないのか）、を判断する基準である。その際の手がかりになるのが、コンピテンシーの考え方である。すなわち、カリキュラムの目標がコンピテンシーの育成にあるとすれば、コンピテンシーの育成につながるコンテンツを優先し、そうでないコンテ

ンツを削除していくのは当然」だろうと述べている。

　2つ目はカリキュラムにおけるデザインの工夫について。「各学問分野において、特に重要な概念や考え方、思考パターンなどに焦点を当てるアプローチ。キー・コンセプトやビッグ・アイディアと呼ばれることが多い」（白井2021：13）としている。

　奈須は、「個別的に内容を精査し、削減することでオーバロードを解消しようという戦略は、およそ奏功しない」としている。「すべての内容の背後には様々な利害関係者がいて、もちろんその内容が決定的に重要だと信じて疑わないから、削減の要請に対しては、あらゆる手段を駆使して執拗に抵抗」するだろう。「ここは議論の枠組みからすっかり変えてしまうのが得策であろう。内容（コンテンツ）を基盤に議論するのではなく、資質・能力（コンピンテンシー）を基盤に考える」（奈須2021a：38）べきとしている。

　だが、白井が1つ目に述べた対応策と奈須が述べた対応策には、難点があるように思われる。具体例から考えてみたい。例えば、「思考力」（というコンピンテンシー）を基盤に憲法学習の内容の細目を絞れるのか。憲法学習の細目として「憲法の世界史」「象徴天皇制」「立憲主義」のいずれを選択するべきかを考えてみたい。いずれも重要な内容であり、かつ、いずれの内容を採用したとしても「思考力」を育成することは可能だろう。「思考力」は、内容の細目を絞る決定打にはなり得ない。

　こうした場合には内容を基盤に議論せざる得ない。まず、「憲法の世界史」は、世界史が未習の段階では学習が難しいだろう。次に、天皇主権の旧憲法が「象徴天皇制」の現憲法に転換した事実は重要だが、憲法論的には各論になるだろう。近現代憲法の普遍的な原理である「立憲主義」こそが、初修の段階における憲法学習の中心になるべきだろう。このように内容を正面から検討すること無しには、内容量を削ることは不可能なのではないか。

2017指導要領とカリキュラム・オーバーロード

　奈須と合田には、2017指導要領がカリキュラム・オーバーロードをもたらしていることについて、それを部分的に認めるような言葉もある。

　奈須については割愛して合田を見よう。合田は、2017指導要領の実施2

年の時点で、「今後、5年間を見通してカリキュラムオーバーロードという課題を真正面から受け止めて〔指導要領の〕次期改訂につなげていく必要があると思っている」と述べている（合田2022：40）。

　これらの言葉は、2017指導要領がカリキュラム・オーバードをもたらしていることを、その責任者の立場から認めたものになっている。この言葉に接した教職員には、驚き（「そんなに簡単に指導要領の問題点を認めるのか」）、不信（「実施1〜2年目の言葉として無責任ではないか」）、期待（「次の指導要領では問題点を解消してくれるのだろうか」）の入り混じった受け止めが拡がっている。

「見方・考え方」が対応策になることの強調

　だが、白井・奈須においては、2017指導要領の理念こそがカリキュラム・オーバーロードの対応策になることが強調されている。

　奈須は、先述したように「資質・能力を基盤とした考え方」が対応策の切り札になると考えているが、「我が国の教育課程政策」の中で、そうした考え方が、どのように展開してきたかを次のように述べている。奈須によれば、1996年に提起された「生きる力」においてすでに資質・能力は意識されており、その本格的な検討を進めたのが2012年設置の「育成すべき資質・能力を踏まえた教育目標・内容と評価の在り方に関する検討会」だったという。

　同検討会は2014年の「論点整理」において、指導要領の教育目標・内容を「三つの視点」に分析した。「ア　教科等を横断する汎用的なスキル（コンピテンシー）等に係るもの」「イ　教科等の本質に関わるもの（教科等ならではの見方・考え方など）」「ウ　教科等に固有の知識や個別スキルに関するもの」。

　奈須によれば、アとウは対立図式で議論されがちだったが、これに対し、上記では、イの「教科等の本質を仲立ちとすることで、二元論的解釈に陥りがちなアとウを有機的に結び付け、調和的に実現するカリキュラムがイメージされ」たという。2017指導要領では、「三つの視点」のイが、「見方・考え方」に「姿を変え」ており、「見方・考え方」を働かせた学習活動を通して、「資質・能力の三つの柱」を育成する構造がとられたという（奈須2021a：39-43）。

　奈須の見解を要約すると、2017指導要領には、「資質・能力を基盤とした考え方」が、「見方・考え方」を「中核」にして、すでに埋め込まれているから、それを徹底すれば、カリキュラム・オーバーロードは解消できるだろう、となる。

　白井が、対応策の2つ目において、「各学問分野において、特に重要な概念や考え方、思考パターンなどに焦点を当てるアプローチ」をとりあげ、それらが「キー・コンセプトやビッグ・アイディアと呼ばれることが多い」と述べていたことは先に見た。次のようにも述べている（白井2021：14）。「日本の学習指導要領（2017年・2018年改訂）で導入された各教科等の「見方・考え方」も、各教科ごとの専門的な視点や考え方を働かせることを通じて、深い理解に至ることをめざすものであり、ニュージーランドのキー・コンセプトの考え方に極めて近いものと言える」。白井も、「見方・考え方」の重視がカリキュラム・オーバーロードの対応策の1つになると考えている。

抜け落ちている論点
　白井・奈須・合田には抜け落ちている論点も多い。ここでは3点だけ指摘しておく。1つは、2016年12月21日の中教審答申の別紙1に示された「各教科等の特質に応じた見方・考え方のイメージ」について、その学問的な根拠を明らかにしていないことだ。「理科の見方・考え方」について、は次のように書かれている。「自然の事物・事象を、質的・量的な関係や時間的・空間的な関係などの科学的な視点で捉え、比較したり、関係付けたりするなどの科学的に探究する方法を用いて考えること」。これに対して、物理学者の山口幸夫（原子力資料情報室共同代表）は次のように述べている（2023年9月14日大森取材）。

　　理科が対象とするのは、自然の事物・事象だけではない。人工的につくられた事物・事象も対象にしている。指摘しなければならないのは、工業化が進んで利便性の高い製品や装置が現れると、負の面が軽んじられ、隠され、生命や健康に影響を及ぼすことだ。人間を差別することにもつながる。自然現象の範囲内の知見だけが理科ではない。価値判断ができるような、人間は如何に生きるべきなのか、社会のあ

り方まで考える科目ではないか。

　長年にわたり全国の理科の教育実践の批評を重ねてきた山口によれば、「理科の見方・考え方」は、理科の教育実践の事実と矛盾している。
　2つは、標準時数の変遷が子どもの生活と学習に与えた影響についての記述がないことだ。この点の重要性については後述したい。
　3つは、「資質・能力の重視」が、現行の教科書に実際に与えている影響についての記述がないことだ。次のような授業の展開やその中で発せられる子どもの言葉を、予め教科書に書き込む傾向が2008指導要領から進み、2017指導要領により強化されていることに注目しておきたい。

　　　「教師の質問」→「子どもAの答え」「子どもBの答え」→「教師による整理」→「子どもCの考察」「子どもDの考察」

　そうした記述を行うことが、「資質・能力の重視」に対応したことであるとする見解が教科書会社にある。予め教科書に書き込まれた授業の展開を、教室でなぞれば、子どもが自身の意見や考察を発表する機会が失われる。さらに、教科書の頁数が増加し、そのこと自体がカリキュラム・オーバーロードを招いているのではないか。

2．現場からのカリキュラム・オーバーロード論
　カリキュラム・オーバーロードという言葉は使っていないが、この問題を、公立学校における教育実践の事実をふまえて論じている文献には以下のものがある。その意義と課題について5点述べてみたい。
　遠山啓（1972）「民間教育運動の今後の課題」『教育国語』1972年9月
　教育制度検討委員会・梅根悟（1974）『日本の教育改革を求めて』勁草書房
　日本教職員組合（1976）『教育課程改革試案　中央教育課程検討委員会報告』一ツ橋書房
　北海道教職員組合学校5日制検討推進委員会（1994）『完全学校5日制をすすめるために　第1次報告』
　北海道教職員組合学校5日制検討推進委員会・学校5日制教科研究委員会（1996）『完全学校5日制をすすめるために　第2次報告』

北海道教職員組合学校 5 日制検討推進委員会・学校 5 日制教科研究委員
　会（1999）『完全学校 5 日制をすすめるために　第 3 次報告』
北海道教職員組合学校5日制検討推進委員会・学校 5 日制教科研究委員会
　（1999）『完全学校 5 日制をすすめるために　第 3 次報告教科編』
北海道教職員組合学校改革検討推進委員会（2005）『学校改革検討推進
　委員会第 1 次報告』

「肥大したカリキュラム」の弊害

　1 つは、「肥大したカリキュラム」の弊害を 2 点にわたり指摘してきたこ
とである。数学者・教育学者の遠山啓が1972年に次のように述べている
（遠山1989：172）。「日本の子どもたちは限りなく肥大したカリキュラム
を押しつけられ、消化不良に陥り、そのために多数の落後者をつくり出しつ
つある。また、落後しない子どもも注入される教育内容を受動的に受け入れ
ることに忙しく、自分で考える習慣を奪われつつある」。弊害の 1 点目と
は子どもを「消化不良」に陥らせて「多数の落後者」を作り出していること
であり、その 2 点目とは落後しない子どもから「自分で考える習慣」を奪
っていることだった。1968教育課程基準が実施されて 2 年目の言葉である
が、2017教育課程基準下の教育課程についての指摘としても通用するもの
ではないか。

代案の対置の重要性

　2 つは、国の指導要領にもとづき学校が教育課程を定めていることをふま
えて、それらへの批判と代案の重要性を確認してきたことである。遠山が雑
誌『教育』1966年 6 月号で公表した論考「教育内容の対置」に次の言葉が
ある（遠山1989：126）。「一つの事実を丸ごと肯定したり、全面的に否定
したりすることができたら、話はまことに簡単で明瞭である。ところが、こ
の世のなかにはそのように割り切れるものは至って少ないものである。それ
は教育の世界ではとくにそうである」「われわれがやらねばならぬこと
は、もっと地味で、しかも労苦に満ちた仕事なのである」。「教育課程のな
かから子どもたちのためにならないものをふるい出し、それが全体の体系の
なかでどのような負の役割を演ずるかを明らかにするとともに、われわれの
正しいと信ずる教育内容をつくり出して、それに対置してみせなければなら

ない」「あらゆる教科の研究者が力を合わせなければならない」。こうした遠山の指摘もふまえて、国が定めた教育課程基準に民間の側から代案を対置する教育運動も組織されていった。

代案の対置（1）──標準時数の削減

　3つは、そうした代案の提出が実際に行われたことである。社会的な影響力が大きかったのが日教組の教育制度検討委員会（会長梅根悟和光大学長）による1974年の提案と日教組の中央教育課程検討委員会（会長同前）による1976年の提案であり、それらの成果の継承を試みたのが北教組による1994年と2005年の提案だった。

　まず標準時数への代案をどのように出していたのかを図表1と2から概観してみたい。この図表1と2では小5に絞っての整理を行っている。日教組による1974年の提案を見ると、週24（年720）の代案となっている。このときの1968標準時数は週31（年1085）だったが、来るべき5日制を見越して、それより週7少ない代案だった。この代案は標準時数のあり方に影響を及ぼし、第1次ゆとりの1977と1989の標準時数では週29（年1015）となった。

　北教組による1994年の提案を見ると、週26（年910）の代案となっている。このときの1989標準時数は週29（年1015）だったが、完全5日制を見越して、それより週3少ない代案だった。この提案では、1時数の時間について、「子どもの学習に対する集中力、疲労度、一日の生活のリズムなどから考えても画一的に実施するには無理がある」として、「小学校40分、中学校45分を基本」とする代案を出していたことにも着目しておきたい（北海道教職員組合（1994：40）[1]。

　北教組は2005年の提案でも週26（年910）の代案を継承しており、週1日6時間、週4日5時間で学校5日制に対応することを提起していた。このときの1998標準時数は週27（年945）で学校5日制を迎えていたが、特活の内容を据え置きしながら週2から週1に減じていたので実質は週28（980）の標準時数だった。それよりも週2少ない提案を北教組は行っていた。

図表1　標準時数の変遷　小5

	国語	社会	算数	理科	音楽	図工	家庭	体育	外語	道徳	外活	総合	特活	総時数(週数)
1968 標準時数	245	140	210	140	70	70	70	105		35				1085 (31)
1977 標準時数	210	105	175	105	70	70	70	105		35			70	1015 (29)
1989 標準時数	210	105	175	105	70	70	70	105		35			70	1015 (29)
1998 標準時数	180	90	150	95	50	50	60	90		35		110	35	945 (27)
2008 標準時数	175	100	175	105	50	50	60	90		35	35	70	35	980 (28)
2017 標準時数	175	100	175	105	50	50	60	90	70	35	70		35	1015 (29)

図表2　標準時数への代案　小5　　　　　　　　※印　週数は年30週で計算

	国語	社会	算数	理科	音楽	図工	家庭	体育	外語	道徳	外活	総合	特活	総時数(週数)
1974 日教組	150	60	数学 150	自然 60	30	美術 30	技術 60	60			選択 60	60	教科外X	720 (24) ※
1976 日教組	150	60	数学 150	自然 60	30	美術 30	技術 60	保体 60				30	教科外X	630 (21) ※
1994 北教組	175	70	175	70	70	70	70	70				70	自主自治 70	910 (26)
2005 北教組	175	70	175	70	70	70	70	70				70	自主自治 70	910 (26)

代案の対置（2）——内容の精選

　4つは、精選した内容の代案も対置していたことである。北教組による1994年の提案には、1989指導要領の内容をもとに「子どもの発達段階や教科の系統性を考慮し、組み換え・重点化などにより、これならやれるという週時数を示した」と記されていた（北海道教職員組合2004：41）。標準時数を削減する代案は、その削減幅に対応した内容の精選案を伴うものであり、その精選案は「教科の基本的事項」という名称で北教組による1996年の提案の中で全教科について示された（北海道教職員組合1996：77‐277）。

気になる点——教育目標と人間像を書き込みすぎている

　5つは、今日的な視点から見たとき、気になる点もあることである。教育課程基準への代案の提出に際して、教育目標と人間像を書き込みすぎていたのではないか。

　日教組の教育制度検討委員会による1974年の提案から振り返ってみる。人が教育目標と人間像を掲げることについては、まず、自制を求めていたことが注目される（教育制度検討委員会1974：74）。

　　およそ人が教育をするとき、このような人間になってほしいという願望と期待をもつものである。教育にたずさわるものは、この願望と期待が偏狭で、独善的でおしつけ的で、教育を受ける子どもや青年の無限の可能性をせき止めたり、価値の多様性と、新しい未来を志向する自由な個性の主体的な展開を阻んだりすることにならないように、きびしい自制を必要とする。

　しかし、自制はそこまでで、論旨を次のように展開させていた。

　　だが、そのような自制の必要を自覚しつつ、その前提にたって、また人間の本質と教育の理念にもとづいて、ぜひこのような人間に育ってほしいという願望や期待をもつことは許されるべきである。そもそも、そうした願望や期待のないところには、情熱にみちた、迫力のある教育のいとなみはおこりえない。

　次に、「それでは、私たちはどのような人間像を思いえがくべきであろうか」と論を進めて、「私たちが考える人間像は、何よりもまず、憲法・教育基本法がしめしている人間像でなければならない」との考えが表明されていた。その人間像については、さらに5つの柱が立てられて、「正義を愛する人間」「人間を尊重する人間－差別を許さず、労働を重んずる人間」「真理を愛する人間」「感性ゆたかで生命力にあふれた人間」「国際連帯を求める人間」についての説明が続けられていた（教育制度検討委員会1974：75 - 80）。

　結果的にこれらは、「教育目標」「人間像」や、求められる「子どもの諸能力」を、国が教育課程基準に書き込むことを、民間の側から促していく提案となったのではないか。

　教育史研究の久保義三（1927 - 2014）に次の指摘がある。「法律において明文化される教育目的が、たとえ人類の進歩に反するようなものではなく、普遍的な価値に基づき、深く人権に根ざす教育理念を包含しているとしても、その妥当性は、依然問われなければならない性質のものである。そういった性質のもの、すなわち個人の価値観、世界観、思想および倫理観のような事項を包含する教育目的を、法律で規定することには、問題がある」（久保2006：795）。これは法律に教育目的を明示することへの異論であるが、法的拘束力の主張を伴いながら告示の形式で公示される指導要領に教育目的を書き込むことへの異論にもなっている。

3．次期教育課程基準改訂の焦点
——多すぎる標準時数と内容を改めること

　「1」で概観した「資質・能力重視」のカリキュラム・オーバーロード論については、教育課程基準の問題点についての分析が不足していることと、具体的な代案の提出が伴なっていないことが、まず指摘されなければならない。これに対して、「現場からのカリキュラム・オーバーロード論」においては、「肥大したカリキュラム」の弊害の指摘を起点として、教育課程基準の全体への批判的な分析が行われ、具体的な代案を提出する試みが、内容だけではなく、標準時数についても行われていたことを「2」において概観してきた。そうした分析や代案を継承する中で、次期教育課程基準の焦点は明らかにされるべきではないか。以下はその試論の概

略の一部である。

文科省には標準時数の変遷がどう見えているか

　まず標準時数の変遷をどう見るかが重要である。戦前は省令（国民学校令施行規則）により週時数が国定されていたが、占領下の1947年にその制度は廃止された。特設道徳を背景にした1958年の省令（学校教育法施行規則）改正で最低時数の国定が始まり、1968年から標準時数の国定となり、大きくは1977、1989、1998、2008、2017年の改正により６期をへてきた。その全体を小５について概観したのが図表１である。

　文科省が重視しているのは全学年の総標準時数の変遷である（図表３）。1968標準時数のとき6135だった（標準時数外だった314を補正している）。これが「肥大したカリキュラム」であるとの批判を受けて、1977と1989の標準時数では5785になった。いわゆる第１次ゆとり教育の標準時数である。1998標準時数では年5367になり、第２次「ゆとり」教育となる。2008標準時数では5645に増えて、2017標準時数では再び年5785になった。まだ第１次ゆとり教育の水準を維持していると文科省はみなしているようである（文部科学調査室2023：8）。

図表3. 文科省は標準時数の変遷をどうとらえているか

	1968 標準時数	1977 標準時数	1977 標準時数	1998 標準時数	2008 標準時数	2017 標準時数
小学校全学年の総標準時数	5821	5785	5785	5367	5645	5785
標準時数の中の特活の時数	0	314	314	209	209	209
文科省による特活の補正	5821 +314 =6135					

文科省による補正は文部科学調査室『文部科学関係　最近のニュース　臨時増刊号』2023年９月、8頁より作成

図表 4. 「指導要領の特活の内容」と「標準時数の特活の時数」

指導要要領の特活の内容	1968 標準時数	1977 標準時数	1977 標準時数	1998 標準時数	2008 標準時数	2017 標準時数
児童会活動						
学級活動 (1968・1977は学級会活動)		209	209	209	209	209
クラブ活動 (4〜6年)		105	105			
学校行事						
計	0	314	314	209	209	209

標準時数の変遷をどう見るべきか

だが、そうした見方には2つの問題がある。1つは、標準時数における特活の数え方が時期により異なっていることを考慮していないことだ。特活の数え方は、1968標準時数は0、1977と1989の標準時数では314、1998標準時数からは209である（図表4）。指導要領が定める特活の内容はこの間にほぼ変わっておらず、学校の教育課程では、314以上を計上している。1998と2008と2017の標準時数おいては、特活を314から209に値切ることによって、その見かけの大きさを小さく見せている。

2つは、1968と1977と1989の標準時数では学校週6日制だったのに対して、1998と2008と2017の標準時数おいては学校週5制になっていることを考慮していないことだ。同じ年1015（週29）でも、6日制では平日5×5日と土曜4となり、5日制では平日6×4日と5×1日となる。1日の授業が5時間目で終わるのと、6時間目まで続くのとでは、子どもへの影響は異なる。

標準時数の変遷を子どもに与える影響を考慮しながら的確に把握するためには、①まず各期の標準時数から特活の時間を差し引いて、②次に6日制の標準時数から土曜に配当されていた標準時数（4あるいは3）を差し引いて、平日1日時数の変遷を比較することが必要である。

図表5を見ると、「肥大したカリキュラム」（以下「肥大」）と批判された1968標準時数では平日1日時数が2年4.2、4年5、6年5.4である。第1次

ゆとり教育の1977と1989の標準時数では2・4・6年とも歴代最低の時数になるが、第2次「ゆとり」教育の1998標準時数では2・4年が「肥大」を上回っている。2008標準時数では6年も「肥大」と同じ値となり、2017標準時数では2・4・6年とも歴代最高の時数になっている。

図表5　小学校の標準時数による平日1日時数の変遷

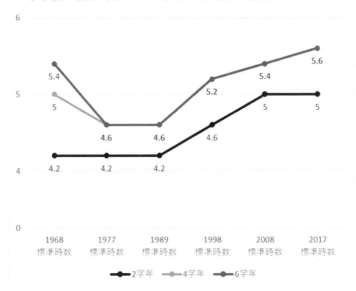

- 特別活動（特活）の標準時数は差し引いている（各期でカウントが異なるため）
- 週6日の1968～1989の標準時数については「週コマ数－4時数（土曜の時数÷5日で算出）
- 週5日の1998～2017の標準時数については「週コマ数÷5日で算出）
- 週コマ数は「標準時数÷35」で算出（35は標準時数を週標準時数に換算する係数）

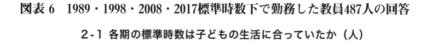

図表6　1989・1998・2008・2017標準時数下で勤務した教員487人の回答

2-1　各期の標準時数は子どもの生活に合っていたか（人）

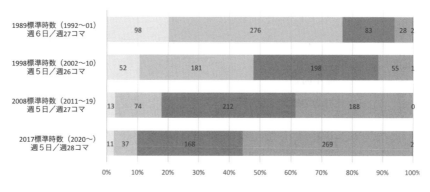

現場には標準時数がどう見えているか

　1989標準時数から2017標準時数まで勤務をした487人の教員を対象として、各期の標準時数下の教育課程について「子どもの生活に合っていたか」を2023年7〜9月に尋ねて得た回答をまとめたのが図表6である（大森2024：12）。

　第1次ゆとり教育の1989標準時数については「やや合っていなかった」「合っていなかった」が22.8％だった。4期の標準時数を経験した教員の多くは1989標準時数をプラスに評価している。

　第2次「ゆとり」教育の1998標準時数については「やや合っていなかった」「合っていなかった」が52.0％で、プラスとマイナスの評価が拮抗している。1998標準時数下の教育課程には、完全学校5日制や総合の導入など子どもの生活に合っていた側面と、平日1日時数が増加基調に入り子どもの生活に合わなかった側面があったことに対応した結果と考えられる。

　平日1日時数のさらなる増加が行われた2008と2017の標準時数については「やや合っていなかった」「合っていなかった」が82.1％と89.7％であり、多くの教員がマイナスの評価を下している。

標準時数と教科書頁数の関係

　標準時数と教科書頁数の関係にも注目したい。小5の算数教科書頁数を標準時数で割ると、過密といわれた1968標準時数では、1コマあたり1.3頁。1977標準時数で1.2頁。1998標準時数でも1.2頁。2008標準時数が過去最大の1.6頁。2017標準時数はそれを更新して1.8頁になっている。

図表7　算数の標準時数と教科書頁数　小5

	算数の標準時数	東京書籍頁数	東京書籍頁数 ÷算数の標準時数
1968標準時数	210	272	1.3
1977標準時数	175	208	1.2
1989標準時数	175	212	1.2
1998標準時数	150	174	1.2
2008標準時数	175	286　大型教科書	1.6
2017標準時数	175	310　大型教科書	1.8

結びにかえて──教育課程基準の不合理と「学校時数ガイドライン」

　次期教育課程基準改訂の焦点は、以下に記す教育課程基準の不合理をふまえた上で、多すぎる標準時数と内容を改めることになるのではないか。行論で触れられなかった諸点も補ってまとめてみたい。

　先行研究をふまえると、国が定めてきた教育課程基準の不合理は2つの側面に分けることができる。第1の側面は、国が教育課程基準について法的拘束力を主張していることに関わる不合理である。その不合理を時数編成に関して述べると、学校は「法令違反」を恐れて標準時数を積み増した時数を編成することが多かった。国は2019年になると働き方改革の視点から標準時数の積み増しの抑制を求めるようになり（文部科学省2019）、2020年になると新型コロナ対応から「下回った場合には、そのことのみをもって学校教育法施行規則に反するものとはされない」とする通知を発している（文部科学省2020：11）。いま学校の対応は、長年続けてきた「積み増した時数編成」への執着と、新たな国の政策である「積み増しの抑制」に従うことへと分岐している。国が法的拘束力を主張することの最大の弊害は、子どもの事実にもとづき時数のあり方を考える習慣を現場から

奪い取り、基準への無批判の従属を促してきたことにある。こうした弊害は、国が直ちに法的拘束力を取り下げなくても、標準時数の変遷について理解を深めて「いまの標準時数は子どもに合っているのか」について教育界の議論を活発にすることで改めていくことができる。

　第2の側面は、国が定めてきた教育課程基準の中身そのものに関わる不合理である。その不合理を標準時数に関して述べると3点になる（大森2024：5‐6）。

　1つは「特活の時数」の不合理である。「学習指導要領の特活の内容」と「標準時数の特活の時数」が不一致であることにより、学校の時数計算に「二重帳簿」の状況を招き、時数の現状把握を難しくし、かつ、標準時数外の特活を十分な検討なしに削減する動きを招いている。

　2つは「35の倍数」の不合理である。音楽・図工が50のように、1998以降の標準時数の中に35で割り切れない数があることにより、時間割は週ごとに異なるものとなった。教員は時数の編成と計算に労力を割かなければならず、子どもは忘れ物が増えている。専科教員や交換授業の導入も難しくしている。

　3つは本稿でも述べてきた「時数の肥大」の不合理である。「6時間が増え、どんどん日々教師児童とも忙しくなり授業の準備時間や対話時間が減り、1時間の授業を充実させることが難しくなってきた」との声が全国の現場から上がっている。

　こうした中身の不合理の是正要求が、教育課程基準の国定、まずを下から支えてしまう問題（より良い標準時数を国に求めてしまう問題）にも対処が必要となる。この問題については、標準時数に即しての検討は遅れているが、指導要領に即しての検討には先行研究の中にいくつかの手がかりがある。それらを図表8から概観しておきたい。

　まず1について、国が法的拘束力あるものとして内容を告示することに兼子と海老原は不同意である。次に2について、国が法的拘束力あるものとして内容の大綱的基準を告示することについても兼子と海老原は不同意である。だが3について、国が指導助言的基準として内容を告示することや、国が大綱的基準を参考として配布することには兼子と海老原は同意をしている。兼子と海老原においては、国が法的拘束力を伴う基準を出すことには不同意であるが、国が法的拘束力を伴なわない「指導助言的基準」

あるいは「大綱的基準」を出すことには同意となっていることに注目しておきたい。図表8には、法的拘束力の主張への批判と表裏の課題として、「国が法的拘束力の主張を取り下げた世界におけるナショナルな教育課程をどう具体化するか」を検討する課題が示されている。

　その課題への回答となる見解は、兼子によれば国の指導助言であり、海老原によれば国の参考文書配布と民主化された地教委による基準策定となっていた。両論の詳細な検討は他日を期したいが、本稿をふまえた筆者の見解を述べると、民間による「学校時数ガイドライン」の策定となる。「学校時数ガイドライン」とは、国の教育課程基準の変遷の検証を土台にして、国の教育課程基準の不合理を是正するために　学校時数のガイドラインを示すものである。子どもに合った時数について教育界の合意を作り出すことにより、その時数のサイズに見合った教科・領域と内容のあり方についても合意をめざしていく。ガイドラインの提出には3つの効果が期待できる。1）短期的には国の教育課程基準の不合理について人々の認識を深める効果、2）中期的には国の教育課程基準に影響を及ぼす効果、3）長期的には国の教育課程基準がなくても日本の教育界がナショナルなガイドラインを策定して教職員が国家からの独立を果たしていく効果、である。これらは夢物語ではない。1970年代に始まった民間からの代案の提起は、上記の1）と2）には手を届かしていたことを再確認しておきたい。

図表8　兼子と海老原の指導要領についての見解

	項目	兼子	海老原
1	国が法的拘束力あるものとして内容を告示	×	×
2	国が法的拘束力あるものとして内容の大綱的基準を告示	×	×
3	国が指導助言的基準として内容を告示（兼子）		
	／国が大綱的基準を参考として配布（海老原）※	○	○
4	地教委が指導要領を作成すること		○

　※海老原の見解。「文部大臣の教育内容にかんする権限も、原則として
　　地教委に移譲する。指導要領の作成、教科書検定、教育課程の編成な
　　どである。全国的水準を維持するための大綱的基準を参考として配布

するにとどめるべきである」（海老原1986：136）。

注

（1）宮本健市郎によると「日本では、1880年代以後遅くとも1890年代には、授業の単位時間を45分にする形式がかなり普及していた」（宮本2018：220）。1941省令（国民学校令施行規則）では初等科 1〜6 年と高等科 1〜 2 年の「一時ノ授業時間ハ之ヲ四十分トス」とされた。戦後は1958省令（学校教育法施行規則）以降「授業時数の 1 単位時間を45 分とすること」とされてきた。

参考・引用文献

海老原治善（1986）「主権としての教育権——教育の国民的管理と教育の住民自治」海老原『現代日本の教育政策と教育改革』エイデル研究所

大森直樹・中島彰弘（2017）『2017小学校学習指導要領の読み方・使い方——「術」「学」で読み解く教科内容のポイント』明石書店

大森直樹・中島彰弘（2017）『2017中学校学習指導要領の読み方・使い方——「術」「学」で読み解く教科内容のポイント』明石書店

大森直樹（2018）『道徳教育と愛国心——「道徳」の教科化にどう向き合うか』岩波書店

大森直樹（2019）「「知識詰め込み型」からの転換なのか？ 改訂「学習指導要領」が子どもにもたらすもの」『世界』11月号、岩波書店

大森直樹（2023）「小学校の週29コマをどう考えるか——教育課程基準と教員の経験」『教育実践アーカイブズ』（10）2023 - 03

大森直樹（2024）『標準時数の変遷に関する調査——結果と提言』（一般財団法人教育文化総合研究所HP：https://www.k-soken.gr.jp/pages/46/detail=1/b_id=291/r_id=959/#block291-959）

兼子仁（1978）『教育法 新版』有斐閣

久保義三（2006）『新版 昭和教育史』東信堂

遠山啓（1989）『遠山啓著作集 教育論シリーズ 2 教育の自由と統制』太郎次郎社

中島彰弘（2023）「学校の時数の歴史——北海道の経験から」『教育実践アーカイブズ』（10）2023-03

永田守（2023）「時数は足りないのではなくむしろ足りている」『同上

書』

宮本健市郎（2018）『空間と時間の教育史──アメリカの学校建築と授業時間割からみる』東信堂

文部科学調査室（2023）『文部科学関係最近のニュース　臨時増刊号』2023-09

文部科学省（2019）「平成30年度公立小・中学校等における教育課程の編成・実施状況調査の結果及び平成31年度以降の教育課程の編成・実施について（30文科初第1797号）」2019.3.29

文部科学省（2020）「新型コロナウイルス感染症対策のための臨時休業等に伴い学校に登校できない児童生徒の学習指導について（２文科初第87号）」2020.4.10

（公教育計画学会会員　東京学芸大学)

特集　過重負担化するカリキュラム　カリキュラム・オーバーロード論を手掛かりに

海老原「総合学習」論の論理構成とその可能性

元井　一郎

問題の所在

　日本の学校教育は、2020年春以降のコロナ禍というパンデミック状況の中で、ICTの学校教育への導入を推進した。同時に、2016・17年度の学習指導要領（以下、「現行学習指導要領」と略）の改訂に伴う教育課程改革、教科の新設や再編が具体的に実施され、その展開の途上にある[1]。この間、2021年1月には、中央教育審議会（以下、中教審）から「『令和の日本型学校教育』の構築を目指して」という答申が出された。この答申では、ICTの学校教育への導入を基軸に、子どもの学習の個別化を保障することと、学習活動における「協働化（協同化）」を図ることが基本的に設定されている。その意味でいえば、「現行学習指導要領」において構想されていた教育課程に関わる改革の具体化を図った計画論と言えなくもない。

　周知のように「現行学習指導要領」では、子どもたちの能力の三つの柱を設定し、それを保障することを前提に教育課程の改革が企図されている。いわゆる「開かれた学校カリキュラム」の実現とそのための「カリキュラム・マネジメント」の徹底ということである。しかし、こうした教育課程あるいは学校カリキュラム改革論に関する具体的な方法等は、「現行学習指導要領」ではそれほど明確に記載されてはいないのである。その点を踏まえて、前述の21年中教審答申は、「現行学習指導要領」の方針や方向性に関わる詳細な手順等を記述していると指摘してもよいだろう。

　ところで、「現行学習指導要領」や21年中教審答申における教育課程改革、学校カリキュラム改革の方向性は、間違いなく戦後70余年の学校教育における教育実践に対する一定の修正や再編ということを要請していると整理できる。しかしながら、「現行学習指導要領」における教育課程改革論あるいは21年の中教審答申にみられる「令和の日本型学校教育」論においては、戦後の教育実

践や教育課程改革論についての精確な検討や言及は十分にはなされていないと指摘できる。さらに付言するなら、戦後の教育課程や教育実践がどのような教育政策や教育行政との角逐のなかで展開されてきたのかという論点や議論がほとんど検討されていない。その意味でいえば、教育課程論や教育実践論に関わる理論的な検討において、教育における公権力支配という論理が欠落しているとも指摘できるのである。

　本論文では、教育課程、教育実践論についての理論的な再検討、特に公権力と教育という視点からの理論的再構築に関わり、「総合学習」の学びの可能性を議論していきたい

　ところで、かつて日本の教育実践の史的検討を行った海老原治善は、教育実践について次のように定義していた。

　　「今日の『教育実践』はいうまでもなく時代を超越して、真空のなかでおこなわれているのではない。教育は社会現象として存在しているし、資本制社会の発展段階における組織された公教育のなかで展開されている。したがって個々の教師と子どもの授業実践そのものの内部にたちいる仕方の考察の前、教育が社会現象として存在し公教育として組織され教育政策の対象となっていることの意味そのものを問うことから次第に『教育実践』の問題に接近してゆくことが重要となる。」[2]

　海老原の教育実践に関する定義は、教育が社会現象であり、資本主義社会によって組織された公教育のなかで展開されている事実から捉え理解しようとする論点に重要な理論的示唆がある。同時に、海老原の教育実践論の視点は、教育課程改革論、より海老原論に即するなら、学校教育のカリキュラム改革論あるいはカリキュラム編成論について、現実社会の定在それ自身を再審に付すという理論的な視点を孕んでいたように私は考えている。この点を簡潔に整理するなら、教育課程やカリキュラムの権力構造に関する批判的な分析視点を海老原論は有していたといえる。さらに敷衍するなら、海老原の教育実践論は、カリキュラム論にとどまらず教育実践それ自身が既存社会あるいは生活に対する批判的検討も実行すべきたという論点が基礎となっている。こうした点を踏まえつつ、本論文では、海老原が構想していた教育実践、教育課程論さらにカリキュラム論に関して、海老原がその方法論として注目し、その可能性を主張し

ていた「総合学習」論に注目し、議論を展開していきたい。特に、本論文では、
海老原の総合学習論について、再検討を行いつつ、海老原の「総合学習」論の
理論的可能性について検討を行いたい。

　さて、「総合学習」論に関連して、まず確認しておかなければならない点は、
1998 - 99年度の学習指導要領改訂（以下、「1998年学習指導要領」と略。なお、
この改訂の実施は周知のように、小中学校は2002年、高等学校は2003年からで
あった）において小学校３年生から高等学校終了までの教育課程に新たに設定
されたのが「総合的な学習の時間」(3) である。「1998年学習指導要領」におい
て学校教育課程に新たに設定された「総合的な学習の時間」という呼称は、行
政上の固有名詞としてつくられたものであったといえる (4)。当時、想定され
た設定目的としては、「生きる力」を育成し、教科横断的な課題について、児
童・生徒が課題探求を行うことを学習理念とする授業あるいは活動であった。
その意味で海老原が構想していた「総合学習」論とは、本質的には異なるもの
であったことは指摘するまでもない。しかしながら、「1998年学習指導要領」
で設定された「総合的な学習の時間」の実践は、教育課程において総合学習を
展開していく導入としての可能性は否定されるものではないといえる。この点
に関わり、2000年前後に多くの教育研究者が「総合学習」に関する論文や著作
を公刊していることは興味深い傾向であったといえる (5)。

　本論文では、海老原「総合学習」論の視点や概念などの整理を先ず行い、海
老原「総合学習論」の理論的な視角を明確にしつつ、その理論が教育課程の新
たな方向性を構築する可能性について議論していく。

１．「総合学習」の論理と構成－海老原「総合学習」論の特徴を中心に

（１）「総合学習」論の整理

　「総合学習」をどのように捉えるのかについて、かつて、梅根悟は「総合学
習」の整理に関わり、それが目的概念なのか方法概念なのかという問いを設定
し、近代教育思想を概観し整理することを通して次のように叙述していた。
少々長いが引用しておきたい。

　　「本来総合学習の思想は分科的多岐的な、専門教科科目の全面的否定を意
　　味するものではなく、そのような専門的な諸教科科目の羅列に終始してし
　　まうことなく、そのような単なる専門的諸教科目の羅列でなしに、それら

を生かして、あるいは取捨選択して使っていく主体の育成を目指す部分（コア）を全体の中核として位置づけるべきものであるということ、全体としてのカリキュラムは、人文、社会、自然等の諸方分野での科学、技術の体系の寄せ集めをだいぶんとしても、それはコアを持つ全体性のある、構造性のあるカリキュラムであるべきことを主張するものである」(6)

　こうした梅根の「総合学習」の整理に関する論理は、1970年代の日教組教育制度検討委員会が教育内容改革の一環として提唱した「総合学習」の理論的背景となっていたことは指摘するまでもない。また、本論文で議論の対象とする海老原の「総合学習」論はこうした梅根の整理を踏まえながら日本の近代学校における戦前・戦後の教育実践の史的検討を踏まえて立論された教育課程改革論としての意味を持っていたと整理できる。

　海老原の「総合学習」論に関する体系的な論究は、70年代以降、特に日教組教育制度検討委員会最終報告書『日本の教育改革を求めて』が「総合学習」を教育内容改革の一環として提唱して以降となる。海老原「総合学習」に関する理論的な把握に関して、以下では海老原の「現代学校の教育内容改革と総合学習の意義」(7)という論文を前提に概観しておきたい。

　ところで、「総合学習」に関する学校教育における位置付けについては、1970年代に日教組が設置した中央教育課程検討委員会においても問題視され、位置づけのあいまいさや教科学習との関係の不明瞭性が指摘されていた。これに対して、当時同委員会の委員であった海老原は総合学習をめぐる議論とその報告について次のように述懐している。

　海老原は、総合学習について「教科の延長線上の側面と、自治的諸活動の側面からの総合学習との両面をもつ中間領域として位置づけることにより、長く、教育実践のうえで、堂々たる努力と教育的な効果を発揮しながらうずもれてきた『生活勉強』を領域として設定することにより、本格的な展開が可能になる」という主張をしたが、中央教育課程検討委員会内での合意がえられなかったと証言している(8)。ただ、最終的に海老原も「領域論にはこだわらず、実質的に確認を得たものとして、教科の領域に総合学習をふくめ、教科外活動に『研究活動』を内容として新たに設定をすることで了承する」(9)ことになったと述べている。こうした経緯を踏まえて、「中央教育課程検討委員会」報告では、総合学習に関して「個別的な教科の学習や、学級・学校内外の諸活動で獲得し

た能力を総合して、地域や国民の現実的諸課題について、共同で学習し、その過程をとおして、社会認識と自然認識の統一を深め、認識と行動の不一致をなくし、主権者としての立場の自覚を深めることをめざすものである」[(10)]と記載することになったのである。以上のような経緯で「中央教育課程検討委員会」で提案された総合学習の内容と方法の結論に対して、後、海老原は自らの「総合学習」論について言及している。この点を次に確認しておきたい。

（2）総合学習論の内容と方法

　海老原によれば、総合学習は、複数教科の合同した、つまり「合科学習」でも、学習方法の一形態としての「問題解決学習」とも異なると整理される内容をもつと論じる。海老原が主張した「総合学習」とは、いわば子どもの主体的な営みを基軸に学習の課題としての生活という視点から構築されたものである。たとえば、海老原は、問題解決学習において設定される「問題」と総合学習に関する質の相違を前提にして、総合学習において設定される「問題」について次のように整理している。

　　「地域、国民の生活諸課題、あるいは人類史的な課題であり、学習の方法は『ひろしま』、校外研究の視点のように現実から出発し、歴史的、政治的考察、自然科学的検討をへて、運動に学び、自己の生き方をたしかめるという、質的な発展段階を踏まえる展開過程をとる。これに対し問題解決学習は、導入、展開、終末という形式的な学習の過程と、問題の発見、仮説、推論、観察と実験による結論という一般的な方法である点において質的な相違を持っている」[(11)]

　海老原は、1970年代の日教組の「教育制度検討委員会」及び「中央教育課程検討委員会」での議論を通して総合学習についての理論的構築の論議を深めていったといえる。しかしながら、海老原は1980年代以降に地域の教育課題に対応した教育計画論、より精確には「地域教育計画論」の理論的構築を自らの中心的な理論的課題と設定したため総合学習に関する検討あるいは論究については中断したように見られる。

　しかし、その後も海老原は、1989年の学習指導要領改訂における小学校低学年の「生活科」の新設などの状況を踏まえながら、改めて、総合学習の重要性

について主張している。その主張は以下のような内容であったが、その中に自らも改めて総合学習についての広範な理論展開を支持する旨の主張をしていた。

　「『生活科』の発足した今日、「総合学習」の重要性がますます高まっている。教育課程の一領域に位置づけることが決定的に重要であると考える。わが国教育学研究では、教科教育への傾斜が強く、教科を超えたこの「総合学習」の理解は決して十分といえない現状にある。それだけに筆者としては戦前からの実勢の歴史をふまえ、この教育的重要性を生涯かけて訴えてゆくつもりである。九〇年代を迎え、国際教育、環境教育、開発教育、情報教育、消費者教育、福祉教育、健康性教育など、21世紀へ向けての新たな教育課題が続々登場してきている。従来の教育課程論ではなく、全体としての教育課程構造の検討が喫緊の課題となってきている。『総合学習』はそのなかで、いよいよ決定的な重要性をもつ領域となるだろう。」[12]

　ここで海老原が指摘している「総合学習」の重要性と新たな展開という認識は、その後「1998学習指導要領」において、小学校第 3 学年から高等学校終了までの児童・生徒を対象として新たな教育課程として「総合的な学習の時間」が設定さることで一定の深化や展開が期待される状況になったといえる。すでに述べたように、1990年代末から2000年代にかけて教育方法学の研究者の多くが「総合学習」に関する好意的な論文等を公刊したことを見れば1990年前後の海老原の指摘と期待は、総合学習という論理が重要な教授方法としての可能性を提示していたと指摘してもよいだろう。

　また、別な観点からみれば、1970年代の日教組の「教育制度検討委員会」や「中央教育課程検討委員会」が主張した「総合学習」が、21世紀を前にして日本の学校における教育課程の一領域として改めて認識されたといえなくもない。もちろん新設された、「総合的な学習の時間」は、海老原あるいは日教組の中央教育課程検討委員会が主張していた「総合学習」論を踏まえた内容を前提とするような導入あるいは新設ではなかったことは指摘するまでもない。しかしながら、この「1998年度学習指導要領」は、学校教育の教育課程において総合学習の目的的な展開を担保する可能性を持っていたともいえる。

　こうした「総合的な学習の時間」の設定は、1989年学習指導要領改訂で設置された小学校の「生活科」と連動し、それに継続した教育課程改革ではあった

が、「生活科」は、そもそも合科的視点からの教科としての設定であった。つまり、「生活科」は、教科として設定されたものであり、その実践において「総合学習」的な「学び」が志向されたとしても、結論としては総合学習を実践するために設定されたものではなかった。同様に「1998年学習指導要領」に新設された「総合的な学習の時間」についても、その後の学習指導要領に記される内容や実際の教育実践においては、海老原が主張していたような「生活課題そのものの学習」という視点は共有あるいは前提とされなかったし、ましてや重要視さえされなかったといえる

　この点に関しては、次節で「総合的な学習の時間」の学習指導要領における設定等について改めて整理し、検討しておきたい。

2．「1998年学習指導要領」の改訂と総合学習に関する議論
　　——「総合的な学習の時間」の設定と総合学習の可能性

（1）学習指導要領における「総合的な学習の時間」の設定
　すでに既述したように、「1998年学習指導要領」改訂において、小学校第3学年から高等学校終了まで、「総合的な学習の時間」が教育課程に位置付けられることになった。この「1998年学習指導要領」は、小学校では2002年から、中学校では2003年、高等学校では2004年から適用、実施されることになった。周知のように、この「1998年学習指導要領」の実施に併せて学校週五日制が実行されることになったのである。その意味で、学校教育における標準授業時数に関する削減等が実施された改訂でもあった。

　ところで、「総合的な学習の時間」は、「1998年学習指導要領」において設定された児童、生徒が自発的に横断的・総合的な課題学習を行う時間だとされた。学習指導要領が適用される学校（小学校、中学校、高等学校、中等教育学校、特別支援学校）のうち、小学校3年から高等学校3年までの教育課程の時間種別として2002（平成14）年度から小学校を端緒として段階的に実施された教育領域である。学習指導要領には、当該時数は週3時間の設定として構築されていた。なお、高等学校において職業教育を主とする専門学科では、必修である「課題研究」で「総合的な学習の時間」の履修と同様の成果が期待できる場合、「課題研究」の時間で「総合的学習の時間」の一部もしくは全部を代替できると規定された。

　この「総合的な学習の時間」は、国際化や情報化をはじめとする社会の変化をふまえ、子ども自身が自ら学び自ら考える力という「生きる力」の育成をめざし、「教科」などの枠を越えた横断的・総合的な学習を実践するために設定され、「1998年学習指導要領」の改訂の目的とされた「ゆとり教育」と密接な関連性を持って設定された領域であると一応は整理できる。

　「1998年学習指導要領」で設定された「総合的な学習の時間」の特徴としては、体験学習や課題解決学習の重視、学校・家庭・地域の連携を掲げている点であった。さらに当該の時間における学習内容としては、国際理解、情報、環境、福祉、健康などが学習指導要領状に例示されていたのである。この「総合的な学習の時間」に関しては、肯定的に支持する意見がある一方で、基礎知識を軽視しており、結果として、学力低下に繋がるという批判的な意見が政治的行政的な背景を踏まえて当時盛んに喧伝されていた。

　さて、1998年の小学校学習指導要領において新設された「総合的な学習の時間」の趣旨とねらいについて、文科省は以下の通り説明していた。

　「小学校学習指導要領」における設定の「趣旨」について、「総合的な学習の時間」は「各学校は、地域や学校、児童の実態等に応じて、横断的・総合的な学習や児童の興味・関心等に基づく学習など創意工夫を生かした教育活動を行う」ことであると明記していた。また、「ねらい」に関しては、「自ら課題を見付け、自ら学び、自ら考え、主体的に判断し、よりよく問題を解決する資質や能力を育てること」、「学び方やものの考え方を身に付け、問題の解決や探究活動に主体的、創造的に取り組む態度を育て、自己の生き方を考えることができるようにすること」、「各教科、道徳及び特別活動で身に付けた知識や技能等を相互に関連付け、学習や生活において生かし、それらが総合的に働くようにすること」であると明記していた[13]。他の学校種でも同様の「趣旨」および「ねらい」が記されていたのである。

（２）「総合的な学習の時間」設定に関連する議論の整理
　指摘してきたように「1998年学習指導要領」に関わる議論の主たるものは、授業時数の削減とその改訂が「学力低下」を招くとする否定的な見解とに衆目の関心が集まったことであった。ところで、本報告の主要なテーマである「総合学習」についての議論はどのような深化や展開があったのかを少し整理しておきたい。それは、「総合学習」の論理や意義をめぐる議論を深めることに関

連して看過できない認識があったと考えるからである。

　この時期の議論として注目すべき傾向として、「総合学習」を肯定的に捉える論にとどまらず、総合学習論からカリキュラム論への議論転換あるいは深化を主張する論理が散見されていることである。それらの所論の基本的な論理構造は、「総合的な学習の時間」の設定を評価しつつ、総合学習に関する理論的深化するという志向ではなく、カリキュラム論さらには学校変革論に向けての主張であった。総合学習の大胆な導入の可能性を評価しつつも、結論としては、カリキュラム改革論の議論への移行を主張する論理や主張を展開するものであった。たとえば、教育方法学研究者である佐藤学は、総合学習の持つ可能性を授業変革や学校変革の契機として「総合的な学習の時間」を捉えつつ、総合学習論からカリキュラム論の構築に向けての議論を積極的に展開していた[14]。

　佐藤は、総合学習を肯定的に捉えつつも、教科学習との論理の違いに終始する、あるいは教科学習と総合学習の二分論という枠組みにとどまっていた。佐藤の総合学習と教科学習に関する見解は以下の通りであった。

　　「総合学習は、現実的な「主題（課題）」を核として「知識」と「経験」を単元に組織した学びであり、教科学習は、教科の「内容（題材）」を核として「知識」と「経験」を単元に組織した学びである。すなわち、総合学習と教科学習は、学びを単元に組織する二つの様式である。」[15]

　2000年代以降、佐藤の論理は「学びの共同体」論などの主張として注目される教授論として展開された。確かに、佐藤の「学び」における自己と他者の関係、社会（世界）との関係、自己自身との関係の対話論などの主張は、その具体化に目指す学校カリキュラム改革論として展開されている。しかしながら、そこで展開される論理には、かつて、日教組の中央教育課程検討委員会が提案した「教育課程改革試案」に対する論理、教科教育における「分科主義」批判論への異議という論点[16]が、基底に温存されているように筆者は考えている。確かに、「教育課程改革試案」の論理を否定し、「総合学習」の概念の再考から教科教育の改造論を模索する佐藤の理論的営為は、必然的に「総合学習」を基軸に設定するカリキュラム（改革）論ではなく、教科学習（教育）との二分論あるいは両社の折衷案という論理に向かうものであったと筆者はみている。そうした論理においては、総合学習に関わる理論的な検討の深化が十分には展開

されることはないと結論付けてもよいと考えてもいる。

3．海老原「総合学習」論の論理と可能性

（1）海老原「総合学習」論の構成

　ここで、海老原の「総合学習」論についてのその論理構成を改めて確認しておこう。

　海老原は、すでに概観した1970年代の日教組の中央教育課程検討委員会における議論等を踏まえて、同委員会で提案された「総合学習」について批判的に総括している。この海老原の批判論の背景には、1960年代に「日生連」が進めていた総合学習の主張と実践に関する不満があったとみてよい。海老原は、「日生連」の「総合学習」は、「問題の実態の調査から入り、歴史的背景、原因の探求、各地での問題へのとりくみの比較研究、解決への政治・経済的研究、そして最後に自分はどうするかという主体形成で幕をとじる学習の展開」が行われ、「学習をとおして、教科で学んだ基礎学力を子どもたちなりに駆使して、生活の現実の問題の学習にとりくむ」という特徴を持っていると整理する。しかし、実際の教育実践においては、「各教科の内容をバラバラに教えるよりは、ひとつの単元、問題を学習させるなかで、知識を身につけさせるというやり方」や「身辺行事を軸とする単元をつくり、それを総合的に学習することをもって総合学習といっている事例」などが散見できると批判的に総括し、総合学習を学校カリキュラムの中核に位置づけていない点についての検討を強く要請していた。

　この海老原の批判論の根底にはすでにみたように、海老原の総合学習の把握における「生活課題そのものの学習」であるという認識があった指摘できるだろう。しかも、海老原自身の論理には、新教育運動における「生活」の学習という論理ではなく、海老原自身の教育実践史研究や山下徳治の理論の整理[(17)]を通して導かれた独自の論理を背景に持っていたといえる。つまり、「生活課題」のみを学ぶのではなく、「生活」それ自身を再考する、あるいは再審するという論理が見え隠れしているのである。残念ながら、この点に関する海老原の体系的な記述は、すでに紹介し「現代学校の教育内容と総合学習の意義」などにおいても十分展開されておらず、筆者としては未完のままであったと結論付けておきたいと思う。

　ただ、この点に関わる理論的な視点について、海老原は、日本近代のカリキ

040

ュラムおよび教育実践の史的分析を踏まえつつ、個を生かす新たなカリキュラムの構想について記述した短い論文 [18] においてその手掛かりを残しているのではないのかと、筆者は考えている。この論文は、今から50年近く前の論文であるが、海老原の総合学習の論理あるいは方法視角の一端を明示する論文であるとも考えている。この論文の論理構成に関しては、次項で改めて詳細に検討するが、要言するなら、この論文において海老原は、資本制社会における人間が疎外された存在として実存すること、その恢復の方法を、初期マルクスの著作に依拠して議論する論理を展開している。周知のように、こうした人間存在の疎外状況とその恢復に関わる教育的営為について、海老原は、後日、教育政策分析との関連でその思想的な論理を展開する一書を刊行している [19]。いずれにしても、海老原は、カリキュラムが社会との関連で構築されること、さらには、現実の人間の疎外状況とその恢復を目指す論理を踏まえたカリキュラム論構築の重要性を示唆している。そうであるなら、総合学習はどのようにカリキュラムや教育実践において位置づけられるだろうか。

　次項では、海老原の総合学習に関する構成、とりわけ総合学習を実践的に展開する論理構成について概観し、整理しておきたい。

（2）「総合学習」論の構想
　海老原は、「総合学習」に関連して、前出の論文の中で教育実践の可能性について次のように述べている。なお、この海老原論文は、1970年代の学校カリキュラムをめぐる問題状況、あるいは学校教育の諸課題に対する「カリキュラム改革論」という視点で執筆された論文である。

　「さて、次に、「総合学習」を提唱したい。文化遺産の系統的学習によって基礎学力を獲得するが、同時に、現実課題（平和・公害など）に取り組むことによって、課題意識が生まれ、基礎学力の重要性を再確認する。この意味で、戦前の教育実践の中で、「教科勉強」に対し、「生活勉強」いうことがと言われたのは、日本の教師が生み出した実践的英知である。この「生活勉強」の中で共同研究が組織され、個人の持ち味が生かされていったのである。一つの課題解決を目指す集団的行動の中で、個の役割が鮮明になり、解決の過程の中で連帯が生まれていく。正に、自分が、彼の本質の補完物であり、彼自身の不可欠の一部であることも自覚し得るのである。[20]

　海老原は、この論文で、学校における基礎学力の獲得には、現実課題の題材にした教育実践が重要な意味を持つことを指摘している。その論理の中で、池袋児童の森小学校の教育実践における「生活勉強」の史的な意義を提示しているのである。さらに、海老原は、資本制社会の人間がモナド化され疎外されてしまう状況について、初期マルクスの疎外論の知見を前提に再把握しようとしている。海老原にとっては、「生活勉強」の実践は、個別化される資本制社会の疎外される人間の恢復の方途としても理解される教授実践論なのである。しかも、「生活勉強」の内実は、「総合学習」を具体的に展開する実践論なのである。その意味で、海老原は、教育実践の中核として総合学習、海老原の教育実践史の分析研究を踏まえれば「生活勉強」を位置づけることを強く主張するのである。「総合学習」を基軸にする教育実践を展開することによって、学校カリキュラムの抜本的改革を目指していくことを企図して論じていると理解してもよいだろう。

　この論文は、既に紹介した「現代学校の教育内容と総合学習の意義」の公刊とほぼ同じ時期に執筆されたものであり、その事実から同じような論理構成であるといえるだろう。しかも、海老原個人の執筆であるため、よりストレートに当時の海老原の「総合学習」の論理を明確に示していると考えてもよいだろう。しかも、既に指摘したように、この論文では、海老原の社会認識や教育観が簡潔に記されている。具体的には、海老原がヘーゲル『法の哲学』をふまえ、ヘーゲルを批判した初期マルクスの思想成果を前提に「類的存在としての人間」が分裂させられる資本制社会の批判論から教育営為を捉えるという思想営為をこの論文では精確に記述している。海老原は、戦後教育ににおける「目標論について自省的に以下のように記している。

　　「この主権者への成長（つまり政治主体の確立）とかかわって個人の人権
　　の尊重という観点が、教育の中に貫徹していたかどうか。そうではなくて、
　　個が先行し、主権者への成長という類的存在の方向性が十分探求されてい
　　なかったように思われる。」[20]

　ところで、この論文執筆当時、学校五日制の実施が教育政策の課題として認識されていた。そのことは同時に学校のカリキュラム改革が前提となることは自明であった。海老原はそうした学校のカリキュラムをめぐる改革論を前提に、

この論文では学校教育をめぐる諸課題の改革の方向性を論じている。つまり、学校五日制の実現を基軸とする教育制度改革論の実現を通して「個を生かすカリキュラム構想」の現実的な実現可能性に関して自らの理論を展開していたのである。海老原は、こうした議論に関連し、学校五日制の実現というような制度改革論という視点を重視していた。海老原は、カリキュラム論を単独で議論することを「展望を持たない、カリキュラム論の次元だけでの個を生かす教育論は画餅にすぎぬ」[22]と批判している。海老原にとって、カリキュラム改革論は、「基礎学力の学習」（教科学習）と「総合学習」のダイナミックな往還、特に「総合学習」を基軸にした教育実践の営みを作り出すための手段として位置づくものなのである。何よりも資本制社会における疎外された人間の恢復という方向性をもった教育実践を創出することを目指すカリキュラム論の構築であり、その基軸は、教育実践において「総合学習」を基軸に設定するという論理ではなかったのだろうか。

　そうした意味において、海老原の「総合学習」は、教育という営為を社会との関連において、より精確に言えば、資本制社会における教育の諸課題（諸矛盾）の解決を目指すことを基底にした理論構造を持っているのである。つまり、「教科学習（教科教育）」と「総合学習」という二分論ではなく、総合学習を核とした学びのダイナミックな運動が展開していくというイメージではないのだろうか。海老原の「総合学習」論では、生活あるいは生活課題からの学びを強調するが、それは、現存する「生活」を無批判に前提とするものではないといえる。すでに記したように、「生活」それ自体を批判的総括、あるいは再審することを前提とした学習活動が想定されているのである。

小括──まとめに代えて

　海老原治善の「総合学習」論については、筆者自身、非常に高い関心を持ちながら、継続的な研究対象としてこなかったという反省がある。研究論文として、海老原「総合学習」論についての論究したは、20余年前の「教育課程・教育実践の構造とその課題」[23]である。この論文は、1998年学習指導要領改訂前後の議論、とりわけ「総合学習」に関する当時の議論を踏まえつつ、海老原のカリキュラム論や教育実践論を整理することを主眼としたものであった。筆者としては、海老原「総合学習」論の構造と現代的な意義を論究することを企図していたのであるが、包括的な整理に終始して、当初の企図を貫徹できなかっ

た。その反省を踏まえて、改めて、海老原「総合学習」論の可能性について、その整理と再考を本論文で行った。

　海老原「総合学習」論の理論的な展開に関しては、1980年代に海老原が「地域教育計画論」へ研究の重心を移すことになり、継続した言及はほとんどない。したがって、本論文では、日教組の中央教育課程検討委員会の中心として展開された論理に焦点を当て、その前後での海老原の発言（論文を含む）を整理し海老原「総合学習」論の構成を概観することにした。1980年代前後の海老原の研究成果、とりわけ「総合学習」に関する議論のさらなる精査を行う必要があることは自覚している。特に、「地域教育計画」論と総合学習の理論的な連関について、今後さらに検討を進めていく必要があると考えている。

　いずれにしても、海老原「総合学習」論の理論及びその可能性は、現代的な意義を内包しているだろう。その点に関わり、海老原の「総合学習」論に対する整理を踏まえて、教育課程における教科学習から総合学習への転換の論理についての深化を今後展開していこうと考えている。

注
（1）2017年3月に公示された幼稚園教育要領、小学校学習指導要領、中学校学習指導要領および2018年3月に公示された高等学校学習指導要領、特別支援学校学習指導要領は、2018年4月からの幼稚園における新指導要領の実施開始から20年小学校、21年中学校、22年高等学校、特別支援教育は、それぞれ学校種の実施併せて適用開始となっている。
（2）『海老原治善著作集 三　現代日本教育実践史 上』エムティ出版、1991年、26頁。
（3）「総合的な学習の時間」は、高等学校に関して2017年改訂の学習指導要領において「総合的な探求の時間」と改称された。ただ、本報告では、論述の都合上全て「総合的な学習の時間」として統一的な表記としている。
（4）那須正裕「『総合的な学習の時間』が意図していたもの」鬼沢真之・佐藤隆編著『学力を変える総合学習』明石書店、2006年、287頁。
（5）周知のように「総合的な学習の時間」に対応する解説書などは大変多く出版されていたが、同時に総合学習に関して論究する著書、論文は多数この時期に刊行されている。例えば以下のような書籍をあげることができるだろう。
『総合学習の理論・実践・評価』高浦勝義、黎明書房、1998年。
『総合的学習のカリキュラム創造』天野正輝編著、ミネルヴァ書房、1999年。
『総合学習を創る』稲垣忠彦、岩波書店、2000年。
『学力を変える総合学習』鬼沢・佐藤編著、明石書店　2006年。

（6）梅根悟「総合学習思想の近代教育思想史上の位置」梅根悟・海老原治善・丸木正臣編著『総合学習の探求』勁草書房、1977年、29頁。

（7）海老原治善「現代学校の教育内容と総合学習の意義」梅根悟・海老原治善・丸木正臣編著『総合学習の探求』30-58頁。

（8）同前　49頁。

（9）同前　49頁。

（10）「教育課程改革試案」『教育評論』1976年度5・6月合併号所収、162頁。

（11）前掲論文「現代学校の教育内容改革と総合学習の意義」57-58頁。

（12）『海老原治善著作集5　現代日本教育史・教育論集』エムティ出版、1991年、307頁。この文章は、「現代学校の教育内容改革と総合学習の意義」を著作集に掲載する際に［追記］として記述されたものである。

（13）小学校学習指導要領（1998年12月14日）』

（14）『授業を変える　学校が変わる』佐藤学、小学館、2000年。

（15）同前書　135頁。

（16）佐藤学「総合学習と教科教育の改造」（柴田義松編著『教育課程編成の創意と工夫（実践編）、学習研究社、1980年）所収。

（17）山下徳治『明日の学校』世界教育学選集76　海老原治善編。

（18）海老原治善「個を生かすカリキュラムの構想」『児童心理』第29巻　第10号　金子書房、1975年10月。

（19）『教育政策の理論と歴史』海老原治善、新評論、1976年。

（20）前掲論文　100-101頁。

（21）同前、99頁。

（22）同前、102頁。

（23）元井一郎「教育課程・教育実践の構造とその課題」（『教育理論の継承と発展―海老原教育学の地平をふまえて』嶺井正也編著、アドバンテージサーバー、2001年）所収。

（公教育計画学会会員　四国学院大学）

シンポジウム
次期教育振興基本計画と教育の自由

2023年度公教育計画学会シンポジウム「次期教育振興基本計画と教育の自由」の開催趣旨と構成

元井　一郎

シンポジウム開催の趣旨

　今年、2023年に内閣決定される「教育振興基本計画」は、周知のように3月に発表された中教審「次期教育振興基本計画について」において内容は公表されている。この中教審答申では、教育DX、学校教育、生涯学習・社会教育等々を含みこんで2040年以降の日本社会を見据えた教育に関わる諸施策を展開していくという方針を明示している。こうした「次期教育振興基本計画」（現状では、中教審答申の表題をそのまま使用して、以下「次期教育振興基本計画」と記す）は、少なくとも2008年の第1回教育振興計画以降の教育振興計画そのものの検討と2001年移行に展開されてきた日本の公教育制度に関わる教育政策あるいは教育行政の動向を総括することが必要であるだろう。しかしながら、そうした検討は不十分なまま、直近の公教育の諸課題とそれを前提にした未来の公教育像が語られているに過ぎないと言っても過言ではない。今回の教育振興基本計画においては、少なくとも過去15年間の教育振興基本計画の意味と課題について改めて整理し、現在の公教育がどのような課題の下に置かれているのか見当を踏まえる必要がある。そうした検討を踏まえて、未来の公教育が語られるべきであるが、そうした論点は明確にはなっていない。こうした「次期教育振興基本計画」について学会としてどのように議論するのかに関する視点などを中心にシンポジウムを開催したいと考えている。

　ところで振り返ってみれば、21世紀に入って以降、つまり2001年以降の政府・与党の教育をめぐる施策は、教育それ自身の「自由」な営みであることを極めて粗雑な政治経済論である「新地涌主義」を背景にして、政治政権に従属させ、支配するという構造を構築してきたといえる。しかしながら、3月の「次期教育振興基本計画」に関する中教審答申では、2020年

代に主要に展開するだろう教育政策・施策のシナリオを意識しながらも、そうした教育政策が対象とする公教育に関する2001年以降の教育政策や施策についての批判的検討を展開することもなく、「次期教育振興基本計画について」と題する答申を出している。

中教審答申の「次期教育振興基本計画について」に描かれている教育政策の方針を改めて21世紀初頭からの公教育政策の不備や失敗などの史的整理などから私たちは議論すべきだろうと考えている。そこで、今年度の定期総会前に大会シンポジウムを開催し、「次期教育振興基本計画」に関する論点整理等を中心に議論を深化、共有しておきたい。

今回の大会シンポジウムでは、定期大会のテーマと同様に「次期教育振興基本計画と教育の自由」と設定した。それには、1990年代から明確になった「新自由主義」的な政治経済政策や論理が公教育に対してどのような意味と影響を与えたのかを改めて問い直したいとも考えたからである。周知のように2000年代に本格化した「新自由主義」的政治経済政策や施策は、その実態において、個人の生活に市場原理、競争原理を持ち込みつつ、トータルには政治経済的な「支配・統制」を貫徹させる論理として展開された。その意味で、改めて「教育の自由」という理論視角から「次期教育振興基本計画」あるいはその前提となっている2000年代以降の公教育をめぐる諸課題について改めて検討していきたいと考えたからでもある。

なお、今回のシンポジウムに関して、主催者としてはシンポジウムの報告に関して以下のような三つの領域・内容を設定した。

一つは、2001年以降の公教育に関わる問題状況に対して、中教審答申「次期教育振興基本計画について」はどのように認識しているのか、さらには今回の答申ではどのような対応をしようとしているのか等、今回の中教審答申に関わる批判的検討を総論的に行う領域・内容。

二つは、「令和の日本型学校教育の構築を目指して」という2021年中教審答申は、新型コロナウイルス感染症（COVID-19）によるパンデミックをも与件として、「GIGAスクール構想」などの緊急実施を強引に進め、公教育制度における学校の新たな位置づけを示したシナリオということができる。そして、その後、中教審は2022年に「「令和の日本型学校教育」をになう教師の養成、採用、研修等の在り方について」という答申を出し、「令和に日

048

本型教育」を担う教師の具体的な養成などを明らかにしている。こうした新たな教師養成、採用、研修のあり方を「次期教育振興基本計画」との関わりで整理していただく領域・内容。

三つは、2022年度の出生数急減を前提に最近声高に叫ばれている「異次元の少子化対策」であるが、そもそも、2012年制定の「子ども・子育て支援法」はどのような目的で法制化されたのか。「次期教育振興基本計画」において、少子化対策や子育てはどのように考えられているか、そうではないのか。また、他方で「子ども家庭庁」の新設という状況は、教育や子育てについて、政治権力はどのような統制を志向しているかに言及する領域・内容。

　上記の設定は、「次期教育振興基本計画」に関わる総論と、喫緊の教育・子育てをめぐる各論の報告を通して、「次期教育振興基本計画」の構成と課題について問題点を明らかにさせ、さらに公教育政策・行政への新たな提案・提言をどのように構築できるのかという検討を行いたいと考えたからである。

シンポジウムの開催時間と報告者

・今回のシンポジウムは、公教育計画学会定期総会前に開催することにした。開催日時は以下の通りである。

　2023年6月18日（日）午後1時から午後3時（リモートでの実施）

報告者および報告題

　中村文夫（公教育計画学会会員・教育行財政研究所主宰）

　「21世紀文科省は国民教育を実施する能力を失っているのではないか

　　──次期教育振興基本計画コンセプト「2040年度以降の社会を見据えた持

　　　続可能な社会の創り手の育成」は複線化する人生の自己満足に向けた

　　　「生産性向上等による、活力ある社会の実現に向けて「人への投資」」をす

　　　ることと

　住友　剛（公教育計画学会会員・京都精華大学）

　「教職員に「無理をさせ、無理をするなと、無理をいう」構造とどう対峙

するか？
　——特に「令和の日本型学校」における教員養成・採用・研修のあり方
　を問う」

　山本詩織（公教育計画学会会員・作新学院大学女子短期大学部)
　「すべての子どもと保護者の「幸福」の実現に繋がる家庭教育支援とは」

21世紀　文科省は国民教育を実施する能力を失っているのではないか

——次期教育振興基本計画コンセプト「2040年度以降の社会を見据えた持続可能な社会の創り手の育成」は複線化する人生の自己満足に向けた「生産性向上等による、活力ある社会の実現に向けて「人への投資」」をすることと

中村　文夫

1.「ない方がまし」と市川

（1）2008年第一次教育振興基本計画は、教育基本法改悪のなかで、政令とすることで旧大蔵省に対して教育予算を確保する意図のもとに自民党文教委員や民主党、そして日教組などが教育関連23団体とともに、教育予算に数値目標を入れるべく取り組んだもの。財政制度等審議会は「教育予算の対GDP比の議論は意味がない」「教職員定数の削減は確実に実施すべき」とニベモナイ答申を出し、数値目標のない計画が閣議決定された。市川昭午は、数値目標のない計画はない方がましとまで断罪していた（『教育基本法改正論争史』2009年）。

教育振興基本計画は、これまで財政的な数値目標がない項目の羅列である（「公教育の計画化と財政」『公教育計画研究1』2010年）。金はつかないのに達成目標はのしかかる。こうして安倍元首相の提唱した「戦後レジュームの清算」は完了し、対米軍・政・経の従属を加速させつつ経済大国の終了を迎えた。そして4期、豊かな階層の子どもたちの100年人生が「持続可能のための」人的投資論が続く。が、必要なのは自前の地方教育基本計画であろう。

（2）財政審（20230428）は資料「子どもの教育・保育と経済的支援」で規制緩和推進の実績を示した。国家財政は全体的に負担金・補助金をばらまく余裕もなく、教育はとくに都市中産階級の歓心を買うため—政権与党、維新等の新自由主義的政党の集票ターゲットに向けた重点経済的支援となっている。

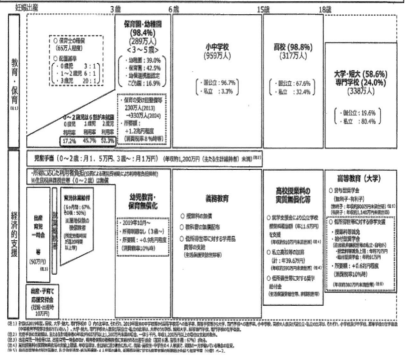

公教育無償等への5私案。

1　保育園幼稚園。保育士等の配置基準の改善

2　義務教育。給食・補助教材費等の完全無償

3　高校。定数内不合格をなくす。公立の就学支援金を私学並に引上げる。
　　教科書と通学費の無償。

4　高等教育。私学助成金を経常費30％まで引上げ。貸与型から給付型奨
　　学金への転換

5　児童手当。所得制限を廃止し18歳まで1万5千円以上の給付

2　教育の機械化・委託化による解体

　（1）中教審は「令和の日本型学校教育の構築を目指して」(2021) いる。新型コロナウイルス感染拡大という未曽有の災害に便乗し、人間教員によって実施されてきた集団的な学校教育からデジタル（機械）化（児童生徒・教職員の個人情報の集中と管理・活用。「統合型校務支援システムの課題と転換」『公教育計画研究』13）による個別最適な学びへ効率的な転換（ハイブリッド化）を図っている。子どもをデータ処理された数値の塊とみなし、成績判定はAI利用。農業と同様に「機械化貧乏」を教育行政にもたらす。小規模校では機械導入の費用対効果が上がらない、不採算部門（未使用の教育機器がほこりをかぶる事態さえ）。

　平成大合併・自治体経営の効率化は広域化とIT化・委託・民業化で実現。約25年間で小学校の20％が学校統廃合された。秋田、青森両県では小学校の45％が消滅した。中山間部で広がる無学校地帯に遠隔オンライン教育（広域通信制学校）や階層別私立が進出している。階層を超えて誰でもが行ける、リアルな子どもたちの居場所がなくなっている。

　公教育（義務教育）を維持するためには、現在の標準学級（12〜18）規模を 6 〜12学級へ改善し小さな足でも通える生活圏の小さな学校を維持することが重要と考える（武波謙三『足もとからの学校の安全保障』「第 3 章公立学校がなくなり、残った学校もスカスカ」参照）。今後の課題は地域立学校の系譜の検証（京都市番組小学校など）と財政方策など制度設計。

　（2）〈教授活動のデジタル化+教員も含めた学校職員の非正規化・外部委託化などの合理化〉の常とう手段が「働き方・働かせ方改革」（生産性向上運動）として着々と進められている。私立は企業化を目指し、小規模・廃校危機の公立は私立化を目指す。

　「多様な教育ニーズ」の強調はまるで公立学校のコンビニ化である。分離別学でもある「教育機会確保法」体制には厳しい検証が必要だ。

　時間外労働には時間外手当が当然だ。が、「教職調整額」の増額を2023年5月に文科省は中教審に諮問。自治体が自前で運営する公教育に転換し、文科省（都道府県教委）指導、報告調査など過剰な連絡調整を省くこと、重要なのは時間外労働そのものをなくすことである。

（３）文科省は近代国家形成のための教育（国民教育）を構想する力量が
なく、欧米の教育理論・政策を密輸入した作文のような学習指導要領を10
年一日のごとく繰り返した。それでは国家を超えた教育とは？　公教育の
地方自治・民主化のためには、大綱（弾力）化し、自治体が自前の公教育
を具体化する。国は自治体主導の公教育の補完的位置（大綱的な調整）に
とどまるべきである（義務教育費国庫負担制度の廃止）。そのため制度案は、
　①公選制の地方教育委員会制度（アメリカの初原的教育委員会）、
　②公選制の学校運営協議会（地域主導、児童生徒も参加）、
　③任用を問わず多職種学校職員の校内運営会議としての新たな職員会議、
の設置が考えられる。校門の前で民主主義が止まっているのは児童生徒だ
けではない。

　（４）〈複線化する人生には教育の複線化は当然〉だろう。規制緩和の末
に、公教育と私教育の境目はあいまいだ。普段使いの学びによって全体の
底上げを図る「普通教育」は強制的で非効率として嫌われ、結果、階層間
移動の手段としての機能さえも縮小し、格差の拡大と階層内再生産を図る
（世襲）機能へと変質しつつある。二極化に向かっている。
　階層別私立。一方に最低限の課程履修さえ疑われる広域通信制学校と、
他方で高額授業料と寄付（優遇就学支援制度や私学助成が加わる場合もあ
る）で教育環境を整えるインターナショナルスクール（「学ばせたいなら世
帯収入4000万円は必要」と、GLII広尾校に通う子の保護者「英名門校の日
本校に入るには？　進学教室に増える相談　相次ぐ開校の背景に中国リス
ク？」朝日新聞グローブWorld Now 2023.01.26）、イエナスクール（佐久穂
町にある私立大日向小・中学校、福山市立イエナプラン教育校）、バウチャ
ースクール？（大阪市立水都国際中学校・高等学校）などと学校法人に限
らず多彩な形態の教育産業（全寮制を含む）も参入している。そこで推進
される人間教員と将来を見据えたグローバルな人脈形成を図る仲間づくり
と自然体験・ネット環境を総合した（探求）学習。ITの要素を除いてみれ
ば、発想は大正新教育主義か。あるいは国民教育を超えた教育か。
　私立志向の特異地帯であった東京都。それ以外にも広がる。豊かな者は
より豊かになる教育政策と財政投資が21世紀でも行われる。

（5）強調されている多様性の言説は格差の拡大した社会でそれぞれの位置（商品価値）に自足を促す言葉ではないか（ウエルビーイング：多様な個人の自己肯定感、多様性は認めるように見えて他者を切り捨てる）。今や自由とは、自覚するとしまいと新自由主義的な自由としての意味を帯びる。経産省ビジョンで使われた言葉にいう「鍛錬」、企業等でも「探求」する機会を持つハイテク・グローバル人材の「鍛錬」ではなく、私は互いの息遣いが聞こえる地域で地位や身分を気にせずに自前の経験を踏まえて（データや権威的な言説ではなく）、納得するまで話しあったこと（現代の寄合）を尊重する「世ならしの教育」に転換することが大切と考える。

（6）中等国となった日本でも新自由主義的な価値観が社会に蔓延した。
　超大国から大国へ世界的な規定力を格下げした米国と同盟関係にある日本は、対米従属のハイブリッド化した戦争に参入したい意向が政治、マスコミにかいまみえる。同盟と従属とは別物なのに。なぜか軍拡に反対しない学校現場。（『アフター・コロナの学校の条件』（岩波書店、2021）。『足もとからの　学校の安全保障』「第5章　デジタル教育という危機」を参照）

3　鉛筆1本からの無償

（1）岸田政権の「異次元の少子化対策」は産めよ増やせよという思想である。「人生100年時代」の複線化する人生（4期で使われている）にあって、死ぬまで働かされ、親世代より豊かな生活が展望できない（2月14日、街角インタビューを聞いた。ある若者はマックが150円に上がり食べない(110円⇒150円⇒170円)。代わりにカップヌードルを道路にしゃがみこんで胃に流し込む。若いサラリーマンはひたすら水を飲んで飢えをまぎらわす。ある老人は10日に1度しか風呂に入らない。臭いので人とも会わない。これも「多様性」。これも「個性」。コンビニ弁当がぜいたくな高齢者。これでは人口減少は止まらない。3月6日の「学習ノートも値上げ、小遣いで買いに来た子どもが買えずに帰る」とのTVニュースが記憶に残る。長期低迷が続いた江戸後期以下である）。
　全国にまんべんなく人がいた江戸時代が終わった明治初年は7200万人。戦後のベビーブームにより人口爆発が起こり、対米従属の政府の誤政策により経済が凋落すると同時に人口も減少に転じ、あと50年（2070年）で1

億人を越えている現在から約8700万（現状の7割）まで減少するとの予測（国立社会保障・人口問題研究所推計）。

　歴史を振り返ると、①人口が少ないから地方が衰えるということではない。②戦後経済復興と平和な社会が人口爆発をもたらしたこと、③団塊ジュニアが社会に出るときに、日米経済摩擦に政治的に敗北し、その受け皿を作れずに、結果、家庭を形成するだけの資力を作り出せずに、少子化に転じたこと。現在、虚栄のまち・東京のマンション平均1億円以上。東京のホテル平均2万円以上。子育て優遇策もパワーカップル用。

　（2）教特法に続き74年には「毒饅頭」と言われた人確法が可決。導入以来の本採用労働者（本採用教員職員）を焦点とした労働条件の改善ではなく、最低賃金改善という全体の底上げを基本として（多種多様な学校職員の賃金労働条件の改善）、社会保障制度の改善等、いまを生きる人々の「生き易さ」が重要である。マンパワーを要する労働領域用に外国人（外国にルーツを持つ）労働者の需要は増え教育に新たな「特別のニーズ」が生じる。国連障害者権利委員会勧告に沿った対応を。

　（3）憲法では、義務教育は無償と記されたが、当時の財政状況を多大に忖度した法解釈によって台無しにされ、その後もそれを前提とした発想や解釈に甘んじてきた。

　公教育有償を前提に就学援助制度など劣等処遇である選別的福祉もって福祉担当者・研究者はやった気になってきた（恩恵的福祉）。就学援助があること自体が教育行財政貧困国の象徴である。

　（4）小中学校で学校徴収金のうち大きな比重（小学校では約半分）を占める学校給食費。それを公会計化（財政民主主義）・無償化する十数年の自治体からの取組の結果、現在無償・一部無償自治体42.1％（5.18）になり、統一地方選、そして来る総選挙の焦点となる。しかし岸田政権「こども未来戦略方針」（202306siryou1.pdf (cas.go.jp)）では課題の整理を繰り返し、様子見をしている。全国状況を把握して整理した課題をもって、強く圧力をかける必要がある（「自治体が拓いた　学校給食の無償時代」『月刊自治研』7月号　参照）。

なお、公教育の無償化を迫った先行的な取組に「高校授業料の無償化」がある（公教育計画学会第1回大会シンポジウム「公教育の無償化―高校授業料の無償化実現に向けた課題」『公教育計画研究』1）。しかし、高校授業料の無償化は私立学校優遇に、すなわち新自由主義的にすり替えられ、市場化され、公立高校の統廃合を加速させる結果となっている。

その反省を踏まえれば、学校給食費の無償化は単に給食費をタダにすることではなく、学校給食の質の改善「地産地消の有機食材を使用し、自校給食で実施する」のための無償化である。営利目的の市場化の引き金とさせない工夫が必要だ。

（5）学校給食費だけではなく補助教材費、修学旅行費まで無償にしている自治体は山梨県早川町など11。来年度は北海道鹿部町が加わり12。家族も含めた山村留学制度も導入している早川町では何を無償にするかも保護者・地域の意向を反映させている。

（公教育計画学会会員・教育行財政研究所主宰）

シンポジウム・次期教育振興基本計画と教育の自由

教職員に「無理をさせ、無理をするなと、無理をいう」構造とどう対峙するか？
——特に「令和の日本型学校」における教員養成・採用・研修のあり方を問う

住友　剛

1：私からの「発題」の趣旨

　今回の大会シンポジウム全体のテーマは「次期教育振興基本計画と教育の自由」である。このテーマに関して、私からは特に教員養成（大学教職課程）—採用—研修のあり方について考えてみたい。今回は主に「令和の日本型学校」に関する中教審などからの諸提言に関連づけて、次の2点にこだわって「発題」をしたい。1点目は、「令和の日本型学校」における「教員の仕事」がどのようなものになるのかである。2点目は、「令和の日本型学校」における「ICT活用」は本当に子どもと教員の「学び」を豊かにするものになりうるのかである。

2：文部科学省「馳プラン」（2016年1月）を手がかりに

　まずは文部科学省「馳プラン」（2016年1月、正式名称は「次世代の学校・地域」創生プラン）の説明資料 を参照していただきたい。この文部科学省説明資料の最後に添付された図では、真ん中に教職員の「働き方改革」とともに「チーム学校」構想の実施が描かれ、右側に「地域と学校の連携」（コミュニティ・スクール）の導入が描かれている。

　この「馳プラン」の図をふまえていうと、たとえば今後の公立学校では、スクールカウンセラー（SC）やスクールソーシャルワーカー（SSWr）など教職員以外の多種多様な専門職や非正規雇用の教職員と正規雇用の教職員との連携が想定されている。これが「チーム学校」構想である。また、各大学教職課程も「学校ボランティア」の実施等で、地域の人々やNPOなどとともに「地域と学校の連携」の一端を担うことになる。そして、この「チーム学校」による学校運営は「校長のリーダーシップ」で実施され、学校事務職員は、その校長のリーダーシップをサポートする職として位置づ

くことになる。したがって、これまでの「鍋蓋型の学校組織」から、「21世紀ピラミッド型学校運営組織」への転換がより一層すすむことが想定される。

　一方「馳プラン」の左側には、「教員養成―採用―研修の一体化」改革が描かれている。この改革はまず、文部科学省の構想をもとに、各都道府県・政令市教育委員会レベルで「教員育成指標」を策定するところからはじまる。この「教員育成指標」策定にあたっては、一応各都道府県・政令市教育委員会レベルで「協議会」が設けられて、その協議会の場で教職課程を置く地元大学側の意見を聞くことになっている。そしてこの「教員育成指標」の「０段階（養成段階）」に各大学の教職課程が導入されている。つまり　各大学（短大や大学院を含む、以下同じ）での教員養成段階（０段階）から採用（初任）の１段階、採用後３年目以降の２段階、そしてベテランや管理職の段階まで、各段階の教職員に求められる資質・能力に応じて、さまざまな研修目標・テーマが設定されていくことになる。

　つまり「馳プラン」の図を前提にすると、一方で教職員の「働き方」改革実施で、さまざまな負担を外部専門職、非常勤職種の人々、そして学生ボランティアや地域の人々、NPOなどの動員でしのぐ。しかし他方で、「働き方」改革で負担が軽くなった教職員には、ICT活用など新たな教育課題に対応した「研修」などを実施するように求められることになる。そしてその「研修」の内容は、教員養成段階から計画的に設定されたものが増え、教員志望者や教職に就いた者の自主性・自発性にもとづく研修の余地は小さくなるのではないか。

3：大学教職課程における「無理をさせ、無理をするなと、無理をいう」構造

　この「馳プラン」にもとづく「教職員の養成―採用―研修の一体化」改革は、私の勤務校を含む各大学教職課程にもさまざまな影響を及ぼしている。ちなみに、1980年代のサラリーマン川柳のなかに「無理をさせ、無理をするなと、無理をいう」というものがあったと記憶している。各学校現場とはまた違った形で、まさに大学教職課程の現場が、この「無理をさせ、無理をするなと、無理をいう」場になりつつある。

　たとえば「馳プラン」が出されたのち、2016〜2017年度の中央教育審議

会では「教職課程コアカリキュラム」が検討された。また、2018年度には
できあがった「教職課程コアカリキュラム」をふまえて、各大学では教職
課程の再課程申請を行わなければならなくなった。そして教育職員免許法
施行規則の改正をふまえ、2019年度からこの「教職課程コアカリキュラム」
をふまえた新たな教職課程を各大学は実施することとなった。

　ちなみにこの「教職課程コアカリキュラム」では、たとえば私の担当す
る「生徒・進路指導論」（2単位）では、まず生徒指導の内容として「生徒
指導の意義と原理」「すべての児童・生徒を対象とした学級・学年・学校に
おける生徒指導の進め方」「児童・生徒の抱える主な生徒指導上の課題の様
態と、養護教諭等の教職員、外部の専門家、関係機関等との校内外の連携
を含めた対応」を必ず含むシラバスを作成する必要が生じた。また、進路
指導（キャリア教育を含む）の内容として、「進路指導・キャリア教育の意
義や原理」「すべての児童・生徒を対象とした進路指導・キャリア教育の考
え方と指導のあり方」「児童・生徒が抱える個別の進路指導・キャリア教育
上の課題に向き合う指導の考え方とあり方」を必ず含むシラバス作成が求
められている。その結果、この「生徒指導・進路指導」について「教職課
程コアカリキュラム」で求められる内容を半期15回の授業のなかで最低1
回ずつ取り上げたとしても、それだけで6回は費やすことになる。各大学
の担当教員で柔軟に「生徒指導・進路指導」について、その時々で重要と
思われるトピックを取り上げて授業をしたいと思っても、上記の内容を満
たすシラバスを作成して課程申請をパスしないといけない。その分、大学
教職課程の内容も自由度が制約されているといってよい。

　これに加えて、たとえば先述の「地域と学校の連携」や、教員養成の0
段階での学校体験活動の充実に対応する観点から、勤務校では「学校ボラ
ンティア」という科目の新設が行われた。また、教育職員免許法施行規則
の改正によって、「特別支援教育」の実施や「総合的な学習の時間」の運営
などに対応する科目の新設も求められた。ちなみに勤務校で私は「学校ボ
ランティア」「総合的な学習の時間の指導論」の2科目が、新たな担当科目
に付け加わった。

　そして2021年の教育職員免許法施行規則の改正により、今や各大学の教
職課程にも「自己点検・評価」が義務付けられている。また、勤務校でも
学生募集の状況をふまえた学部・学科の再編やカリキュラム変更が数年に

一度行われている。先の担当科目の増加、各科目の内容の自由度の制約に加えて「自己点検・評価」や「度重なる学部・学科再編等に伴う教職課程の設置申請のやり直し」などで、私たち教職課程担当教員もかなり疲弊している。そして私の場合、このような教職課程運営の仕事に加えて、最近ではいじめの「重大事態対応」や「未然防止研修」などの学外での仕事もある。

4：「令和の日本型学校」実施という「無理難題」の追加

すでに馳プランに伴う「教員の養成―採用―研修の一体化」改革で疲弊する各大学教職課程に、さらに「令和の日本型学校」実施への対応という教員養成段階の諸改革が今後付け加わる。まさに「無理難題」の追加で、この状況はき「養成―採用―研修」が一体化される以上、今の学校現場にも研修ラッシュなどのかたちで押し寄せることになるであろう。

たとえば中教審答申「『令和の日本型学校教育』の構築をめざして」（2021年1月、以後「令和の 日本型学校」答申と略）のなかで、教員養成段階の取り組みに特にかかわりが深いと私が思う内容を紹介すると、次のものがある。

「令和の日本型学校」答申では、子どもたちの「個別最適な学び」と「協働的な学び」の導入が提案されている。具体的にはICT活用で、「個別指導」等の学習履歴を残すことや、ICT活用で遠隔地とも交流するような「協働的」な学びを実施することなどである。また、授業におけるデジタル教科書の使用や、教育に関するビッグデータの活用による学校運営業務の効率化も提案されている。そして「令和の日本型学校」答申では、上記のようなICT活用に積極的に対応できるような教員養成・研修の実施が求められている。たとえば教員育成指標にも、教職員のICT活用能力の向上に関する内容を盛り込んだり、教職課程科目にも「ICT活用」に特化した科目を設置することが提案された。また、今後は教職員研修の履歴管理にもICT活用を導入したり、ICT活用による教育行政主催の教職員研修の実施も提案された。

これに加えて中教審答申「『令和の日本型学校教育』を担う教師の養成・採用・研修等の在り方について」（2022年12月）では、「学校体験活動」の実施（教育実習の履修形態の見直し）、教員のICT活用能力の向上、教員採用試験の早期化（3年生後期に前倒し）、教員研修履歴の把握、教育行政と

教員養成大学の連携強化等を提案している。したがって2016年の「馳プラン」以後の「無理をさせ、無理をするなと、無理をいう」構造は、引き続き学校現場にも大学教職課程にも「強化」され続けていると言ってよい。

5：いまの公教育の動向や構造そのものと向き合う視点の重要性

　私からの「発題」の最後に述べておきたいことがある。たとえば私は最近、地元私立大学の教職課程担当者の会合などに出席することがある。しかしその会合の場では、この最近の学校現場や各大学教職課程に「無理をさせ、無理をするなと、無理を言う」構造自体に「対峙」するよりも、むしろ今の文部科学省などが推進する教育施策に上手に「便乗」しようとするかのような人々もいるということである。私などは自分たち大学教職課程の自由さを制約したり、学校現場に送り出した卒業生の働き方をより窮屈にしたりするような諸改革には、とても「便乗」したくないのだが。むしろ、小中学校や高校、大学を問わず、教職員に「無理をさせ、無理をするなと、無理をいう」教育施策の動向や、それを生み出す公教育の構造と「対峙」する視点の形成のほうが、これからはなにかと大事にされてしかるべきだと考える。

（公教育計画学会会員・京都精華大学）

シンポジウム　次期教育振興基本計画と教育の自由

すべての子どもと保護者の「幸福」の実現に繋がる家庭教育支援とは

山本　詩織

1．問題の所在

　2022年度の出生数は77万747人、合計特殊出生率は1.26であり、合計特殊出生率は2005年の過去最低と並んだ[1]。2023年、岸田首相は年頭の記者会見で「異次元の少子化対策」を掲げ、少子化対策を含む子ども関連予算を倍増する考えを示している。

　2022年6月15日にはこども基本法が成立し、2023年4月1日にこども家庭庁が発足、「こども政策の新たな推進体制に関する基本方針」では「こどもまんなか社会の実現」を最重要コンセプトとして掲げ、こども家庭庁を創設することが示されている[2]。

　「異次元の少子化対策」を行い、「こどもまんなか社会の実現」を果たすために、いかなる教育政策の展開を志向しているのだろうか。本稿に与えられた課題は、今後の教育政策を示す手がかりとなる「次期教育振興計画について（答申）」にて、少子化対策としてどのように家庭教育支援が捉えられているのか論じることである。

　これまで日本の家庭教育支援については、その家族主義的傾向に対する批判[3]や家庭という私的領域に対する公権力干渉であるという批判[4]がすでに先行研究にてなされている。本稿で取り上げる「次期教育振興計画について（答申）」にて、家庭教育支援をどのように捉え計画しているのか、特に家庭教育ならびに就学前教育段階における記述を中心に取り上げ、公的責任の所在を含めて検討していく。

　本稿ではまず、①2012年に制定された「子ども・子育て支援法」の目的と基本理念とそれに伴う問題点を確認する。次に②文部省、文部科学省の家庭教育政策の流れを確認してから、③「次期教育振興計画について（答申）」の内容を検討する。

2. 「子ども・子育て支援法」と少子化対策の流れ

　1990年の「1.57ショック」を契機として、政府は一連の少子化対策、子育て支援策を展開してきた。次代の社会を担う子どもを育成する家庭を社会全体で支援するという観点から、2003年7月に次世代育成支援対策推進法が制定され、同法との関連で少子化社会対策基本法も制定されるも、2005年の合計特殊出生率は1.26と過去最低値を記録する。

　少子化対策の転換点となったのは、「子ども・子育てビジョン〜子どもの笑顔があふれる社会のために〜」（2010〜2014年度）である。それまでの「少子化対策」から「子ども・子育て支援」へと視点を移し、「家族や親が子育てを担う」のではなく、「社会全体で子育てを支える」べく「子どもと子育てを応援する社会」へという「基本理念の転換」を謳っていた。

　そのような流れの中、2012年に子ども・子育て支援法が成立する。第二条の基本理念では、子育てに対する「第一義的責任」を父母その他保護者にあることを明記している。あくまでも家庭教育の担い手である親に責任を帰してしまう前提がここにはあり、本来市民に保障されている教育機会の保障の責任を負うべき公的責任が曖昧化されている。本法によって、子ども・子育て支援新制度が設計される。この制度についても、公的責任の曖昧化や格差拡大の危険性、保育者の労働条件の悪化[5]等が指摘されてきた[6]。

3. 家庭教育支援政策の流れ

　次に、文部省及び文部科学省による家庭教育政策の歴史的変遷を整理したい。はじめて「家庭の教育機能の低下」に言及したのは、1982年6月の中央教育審議会「生涯教育について（答申）」であった。1986年4月には、臨時教育審議会の第二次答申でも「家庭の教育力」が取り上げられ、家庭の教育力が低下しているという認識のもとに、親の責任が論じられている。その後も家庭の教育力の低下に関する指摘と、家庭教育に対する親の責任が論じられ続け、2006年12月に教育基本法が改定された。その中には教育に関する保護者の「第一義的責任」が規定され、家庭教育の目標が国家により定められ、そして保護者に対する「学習の機会及び情報の提供」などの家庭教育支援が規定された。

　2008年の第一期教育振興基本計画では家庭教育の自主性の尊重について

言及しているものの、あくまでも保護者に第一義的責任があることを明記し、家庭の教育力向上を目的としている。2012年12月には、これに続く第二期教育振興基本計画により家庭教育に関してその方向性や親の学習についても具体化され提示されている。また、「将来親になる中高生の子育て理解学習」の推進についても言及されており、公権力による私的領域への介入が指摘できる。

　2018年の第三期教育振興基本計画では、家庭の教育力の向上を目標として挙げている。保護者の第一義的責任という言葉はないが、育成すべき子どもの姿が示されている。家庭教育支援の方法として、文部科学省の施策に基づいた「家庭教育支援員」や「訪問型家庭教育支援」が示された。

4.　家庭教育支援政策の問題点

　家庭教育支援をめぐる教育政策の流れを整理すると、いくつかの問題点が指摘できよう。まず、教育において保護者に「第一義的責任」が帰されており、公的責任が曖昧化されていること。次に、多様な家庭教育の形を廃し、家庭教育支援により国家の求める家庭像や家庭教育像を強要していること。さらに、「訪問型家庭教育支援」により私的な領域である家庭への更なる強制的な介入がなされる危険を孕んでおり、同時に、保護者が抱える不安や課題を当事者である保護者に限定し、私事として閉じてしまうことである。

　家庭教育支援はその性質から、社会教育（成人教育）としてその展開が期待される。困難を抱える子どもをもつ保護者や、自身に困難を抱える保護者を対象とする家庭教育支援が社会教育として充実化されるのは大いに評価できる。一方で、本来保護者を取り巻く社会の構造や経済の仕組み、文化や価値観という地域社会における課題をも背景として、保護者は不安や困難を抱えている可能性が指摘されている[7]。具体的には、長時間労働などの働き方の問題、子どもの遊び集団が身近な地域で成立しにくくなっていることや、子育て家庭の社会的孤立などが指摘される[8]。このような要因が指摘されている以上、家庭教育支援とは保育施設の増設、保育者の待遇改善、学童保育の拡充、小中高教員の増員といった①インフラ整備や、②仕事と家庭の両立を可能にする労働条件の確保のための社会構造の改革、③経済的格差の縮小のための支援等と考える。

5．次期教育振興計画について（答申）の内容の分析

　上述した問題点から考え、我が国における家庭教育支援の充実を図るために家庭や家庭の教育力に対していかなる捉え方をしているのかを確認していく。

（1）①家庭や家庭の教育力に対する捉え方

　答申の内容を見ると、現状について「家庭の教育力」という表現やその低下の指摘はなく、多様な状況に起因した子育てに関する不安があることを指摘し、「地域全体で家庭教育を支えることの重要性」を述べている。

　家庭教育支援について言及しているのは「目標9　学校・家庭・地域の連携・協働の推進による地域の教育力の向上」である[9]。本答申において、家庭教育支援は社会教育が担う地域の課題とされており、個々の家庭に責任を帰するという直接的な表現は存在しなかった。

（2）②保護者の学習機会の確保と社会構造改革に関する内容

　家庭教育支援とは、「学習の機会及び情報の提供」を行うものだ。つまり、保護者が学習する機会の保障が必要である。「目標8　生涯学び、活躍できる環境整備」では学習機会の保障について方向性が提示されている。「生涯学び、活躍できる環境を整備する」とあるが、述べられているのはリカレント教育のための学習機会の保障が多い。この場合、企業の生産性に関連する学習のみが保障され、家庭教育に必要な学習は優先度を低く設定される可能性が指摘できる。家庭教育に困難をきたす起因となる社会構造を公的責任のもとでいかに変革するのか、期待できる記述ではない。

（3）③インフラ整備に関する内容

　本答申では、「ウェルビーイングの向上」を目標に据えている。子どものウェルビーイングを高めるためには、その周辺のウェルビーイングの確保が必要となると述べている。つまり、保護者や教師（保育者）のウェルビーイングの実現が必要不可欠となる。「目標12　指導体制・ICT環境の整備、教育研究基盤の強化」において、教師のウェルビーイング実現に向けた方針が示されている。しかし、初等中等教育と高等教育に関する記載はあるものの、幼児教育における方針は一切示されていない。こども家庭庁が発

足したとはいえ、幼児教育に関する所管は文部科学省であるにもかかわらず、だ。

（４）④経済的格差の縮小のための内容

「目標13　経済的状況、地理的条件によらない質の高い学びの確保」では、誰もが質の高い教育を受けられるようにするための方策が提示されている。ここで幼児教育は、3歳以上児における保育のみを指しており、引き続き従来の保育概念から外れた捉え方となっている。誰もが質の高い教育を受けられるようにするのであれば、年齢で制限するのではなく全ての子どもが対象となるべきである。また、現在無償化対象外となる認可外保育施設等への無償化拡大については言及されていない。

（５）考察

答申の内容を概観すると、国家が善いとする家庭のあり方を強制するような記載は見られなかった。しかし、保護者の抱える不安や困難に対して、保護者を指導する形で家庭教育支援を行う可能性は未だに消えていない。今後は、推進される「家庭教育支援チーム」の活動を注視する必要がある。さらに、保護者の学習機会の保障や社会構造改革、インフラ整備、経済的格差の縮小に関する内容が薄く、公的責任として家庭教育支援が不十分と評価せざるを得ない。結果として、家庭教育に係る責任は未だに家庭が負う状況である。こども基本法の基本理念に基づき、今ある社会制度を広範に見直し、家庭教育をめぐる環境そのものを再構築していこうとする志向を持ち、公的責任のもと推進をしていくべきだと考える。子どもの幸福の実現は、子どもの保護者のそれと結びつく。保護者が幸福、すなわち一人の人間として「自己の人格を磨き、豊かな人生を送る」（教育基本法第3条）ことができていなければ、子どもの幸福も実現されない。

注
（１）厚生労働省（2023）「令和4年（2022）人口動態統計月報年計（概数）の概況）(https://www.mhlw.go.jp/toukei/saikin/hw/jinkou/geppo/nengai22/dl/gaikyouR4.pdf、2023年6月9日参照)
（２）内閣官房（2022）「こども政策の新たな推進体制に関する基本方針について」

（３）藤間公太（2020）「教育政策、福祉政策における家族主義」

（４）井上恵美子（2018）「家庭教育支援法のねらいと問題点」『人間と教育』
　98pp.36-43

　木村涼子（2017）『家庭教育は誰のもの？─家庭教育支援法はなぜ問題か』
　岩波書店

　鶴田敦子（2018）「新学習指導要領と密接な関係にある家庭教育支援法案」
　『人間と教育』98、pp.44-51

　広田照幸（2019）『教育改革のやめ方─考える教師、頼れる行政のための視
　点』岩波書店

　友野清文（2018）「改定教育基本法制下における家庭教育の政策動向につい
　て：家庭教育支援条例・家庭教育支援法案・「親学」をめぐって」『学苑』
　929pp.1-26

　友野清文（2019）「文部科学省の家庭教育支援政策について：家庭教育支援
　チームをめぐって」『昭和女子大学現代教育研究所紀要』5、pp.19-33

（５）伊藤良高（2013）「初期教育制度と保育・教育自治論」日本教育制度学会
　編『日本教育制度学会20周年記念出版　現代教育制度改革への提言　上巻』
　pp.101-103

（６）そのほか、全国保育団体連合会も問題点を指摘し、本当の意味での「子
　ども・子育て支援」とはなり得ていないことを批判している。全国保育団
　体連絡会（2012）「見解/子ども・子育て（新システム）関連法では子ども
　の権利は守れない─子ども・子育て関連法など社会保障・税一体改革関連
　法の成立と今後の課題─」

（７）志々田まなみ、天野かおり、熊谷愼之輔、佐々木保孝（2018）「学校・家
　庭・地域の連携協働による家庭教育支援体制の課題について」『日本生涯教
　育学会論集』38 pp.23-32

（８）文部科学省（2017）「つながりが創る豊かな家庭教育─親子が元気になる
　家庭教育支援を目指して」（https://www.mext.go.jp/component/a_menu
　/education/detail/__icsFiles/afieldfile/2012/04/16/1319539_1_1.pdf、
　2023年 6 月 9 日参照）

（９）家庭教育支援という言葉は「目標10　地域コミュニティの基盤を支える
　社会教育の推進」にも登場する。この項では、「地域課題の解決」のために
　「地域における家庭教育支援の充実」を推進する方向性が示されている。

（公教育計画学会会員・作新学院大学女子短期大学部）

投稿論文

投稿論文

インクルーシブ教育（保育）の内容や方法に関する一考察
──イタリアボローニャ市AEMOCONの思想と実践から

金子珠世・二見妙子

はじめに

　ボローニャ市のアソシエーションAEMOCON（L' Associazione Emozione di Conoscere）は、故ボローニャ大学経済統合学部特別教育学及び統合教育学教授ニコラ・クオモの研究を土台に2000年に設立された。日本国内では、当時、国立特殊教育研究所の落合俊郎らがこのクオモ教授と共に共同研究を展開している[1]。その中でクオモは統合教育の理念を「教育とは何か、文化とは何かという問いかけの中で理解されるもの」「競争ではなく、協調を意味するもの」と説明する[2]。またこれらを分析した堀は「競争や能力主義を前提とするアメリカの統合教育との相違」として「機会の均等化を超え共同の関係の構築を追求する」点にイタリアの統合教育の特徴をとらえ、さらにこれを日本の大阪府下で行われた原学級保障の取り組みに共通する特徴として評価する[3]。これらイタリアのインクルーシブ教育研究に関心を持ち本報告者のうち二見は2022年10月AEMOCONを訪問し、イタリアがフルインクルーシブに向かって動き始めた1980年代初頭からクオモ教授と共に教育福祉の実践研究を展開してこられた方々とお会いした。本稿で取り上げるAlberto Rojas Velezさんもそのお一人である。したがって本報告では、クオモ教授の研究とその発展として展開されるAEMOCONの実践の視点を把握し、さらにアルベルト先生の音楽教育の事例分析を通じインクルーシブ教育（保育）の内容と方法について検討する。なお、関連資料の分析と考察は音楽家であり保育者養成コースで表現活動の指導と研究を展開する金子珠世と共に行う。（第1項は金子・二見、2、3項は二見、4項は金子、考察と結論は金子・二見、論文作成全体については同等の責任を負う。）

倫理的配慮

①訪問時、調査協力者に口頭で本研究の主旨を伝え、講話中の撮影及び教育や研究へのデーター使用について快諾いただいた。

②本論文作成開始時及び作成途中、調査協力者に論文概要と写真掲載部分をメールにて伝え、了承を得た。

1．日本国内におけるインクルーシブ教育保育の推進と音楽教育研究

　日本国内では、インクルーシブ教育保育の推進をテーマとする音楽教育保育の内容や方法に関する研究はまだ少ない。音楽と身体の動き、身体の諸感覚とを融合させ人間教育を目指したÉmile Jaques-Dalcrozeのリトミック教育やモンテッソーリ教育もインクルーシブ教育保育との関係では考察されにくい[4][5]。またケイト・ガフェラーによる子どもの音楽能力を形づくる3要因「先天的な能力、音楽スキルとそれらに影響を与えたり相互作用をしたりするスキル、よい環境」の研究も国内では音楽療育の域で紹介される[6]。近年ユニバーサルデザインの視点から障害児の音楽活動の機会均等を主張する星山・板野[7]や、阪井・酒井[8]らによる「児童生徒の学び方の多様性」という個別配慮を重視する音楽教育の考察もあるが、これらは人間の共同性の構築を起点とするものではない。わずかに加藤[9][10]が、インクルーシブ教育の理念に基づく授業構成について「学習内容・課題・活動内容の明確化」「多感覚を用いた経験」「他者との関わり」「子どもの学びのプロセスの重視」など考察し「子どもの生活経験に基づいて発想する生活の論理を関わらせる授業過程」の必要性を示唆する。このような近年の研究状況は、むしろ1960年代から障害児も健常児と共に生きることを求め展開された同和保育運動の発展として提案された1990年代後半の鈴木・堀らによる『人権保育カリキュラム』の先進性を想起させる。その中で鈴木らは「ことば、からだ、音楽リズムを効果的に結びつけ、それらを一体のものとして発達の原点をとらえ重視する視点を『からだ育て』」と位置づけ「他者と交流できるからだ」を育てることと一体に音楽表現活動を捉えた。またそのためには「現状の音楽活動の捉え直し」や「子ども自身の持つリズムの尊重」や「うたあそびのすじみちを参考に子どもに提起し子どもの遊びから学びかえしていくこと」や「保育者の感性を伝え合うこと」などの重要性を示し、一方でリトミック教育の実践現場における「教え込み」の危惧も指摘している[11]。しかし、この人権保育カリキュラムは、子どもの権利と障害児のイ

ンクルージョンを一体のものとして提案される故にインクルージョン介入の視点は特記されない。したがって本稿では、①教育や保育のインクルージョンのための包括的な視点と介入の視点及びその相互関係　②インクルーシブ教育保育の推進と音楽教育の本質的な深化が同時に進展する可能性の2点をとらえる。

2．ニコラクオモ教授の研究
──授業スタイル変更の意義

『国立特殊教育研究所平成六年度科研費研究成果報告書』に寄稿したクオモは「障害者の困難への積極的参加と援助─教科外指導者養成コースの理論と実践」にて「インクルージョン促進のためには既存の学校が持つ授業スタイルや教育学の転換が必要」と主張し[12] その理由を「受動的論理的で直線的な学習スタイルでは、多くの子どもたちは教育のプログラムから排除されており、そこに学習困難の子どもがいてインクルージョンの戦略を用いようとしても、他の子どもたちは障害児と定義された子どもに注意が向けられることに対し、障害児だけに自由が与えられていると感じてしまい、そのプロジェクトは台無しになる」[同] と他の子どもたちを巻き込むことなくクラスに導入されるインクルージョンは、本来の目的とは対照的な結果を招きやすいことを指摘する。したがって学校や教師には「すべての子どもたちのための能動的な学習を可能にする、より体系的なアプローチの提案」[同] が重要となると同時に「クラス全体が積極的にプロジェクトに参加し、楽しくて質の高い教え方があることに気づくことによって統合教育の効率性は理解できる」[同] と教員養成研修の意義を示す。

専門性の位置づけと教員養成研修

クオモは、教育学を「Education」と「Pedagogy」に区分し「Educationは非意図的な誰にでもできる教育の定義でありPedagogyは科学である」と述べるベルトリーニを紹介する[同]。ベルトリーニは「個人の能力をタイプ分けするビジョンによる専門性に対し教育を哲学的・科学的に批判考察し、個々の知性の違いとオリジナリティーの尊重を予見するインテグレーションの実践と可能性のためには専門性が必要である」と主張する。クオモはこの主張をさらに深め「イデオロギーにとどまらず、実践と手順の中でそれを検証し続けるための専門性を『教育学（Pedagogy）オペレーター』と位置づけ」[同]、その養成のための教員研修をボローニャ大学で展開する。彼は「統合教育のための教師の仕事

の仮説」として「社会化」と「異時性」を強調する（同）。社会化は「子どもを社会的文脈にうまく溶け込ませることであり、本質的に集団性を中心とした活動」である。異時性とは「一人一人の能力や技能の違い、一人一人のリズムの違いに従うこと」であり「精神的欠陥を探すのではなく、むしろ個々人の起源と真の均衡を探すことを求め、この概念が統合を可能にする戦略と戦術を提供する」と重要な指摘を行っている。同様に、彼は自著『L' ALTRA FACCIA DEL DIAVOLO』（2004CILS）にて「学校が悪魔のいる場所でなくなるためには『知ることの感情存在することの喜び』を提供する学校に変わる必要がある」[13]と主張し、同時に「統合教育の体験はすべての子どもたちに対する高い教育の質を生み出し続けているが、それが『教師の天分』や『偶然性』としてではなく、『人間の多様性と独創性』『アイデンティティー』『科学が人間に対して持たなければならない敬意』『人間を反映する科学』などを科学的に専門性として位置づける必要がある」と述べる[同]。これらの考えを反映したボローニャ大学の教員向け研修は「理論的な側面と実践的な側面の両方を生み出す研修の参照を通じ、教師は学んだことを実践に生かせるようになる」[14]という視点で構成され、①「グループごとの、プロの彫刻家による彫刻ワークショップ、俳優による演劇ワークショップ、音楽学者による音楽ワークショップ」、②「数週間後①を統合応用した関連するプロジェクト（旅・物語）」、③「①②の振り返り」の複層的なトレーニングが行われる[同]。

感情を排除する学校における障害児の免責の文脈

クオモは「温かく社会的な雰囲気が知りたいという欲求や感情を生み出すための前提条件であるにも関わらず、学校は欲望や喜びの感情を無視し続け組織される」と述べ[15]学校における感情の抑圧に対し「いかなる快い感覚からも切り離された受動的な学習のゆがみは、偏見に焦点を当てることによって理論を指し示す」[同]と批判する。同様に「学習、知識、啓発を人間特有の感情的感覚から遠ざけ分離し二分する」「教育や実習において、喜び感情欲求と注意知識を対比させ、あたかも感情の領域が有害で気が散るものでありもう一つの領域を知識からそらしてしまうかのようにとらえる」[16]とも指摘する。そしてクオモは「知りたいという感情を抑圧する学校システムでは、障害児の存在はあらかじめ確立された授業のリズムやプログラムの流れを見失わせ、クラスやグループ全体の創造的な知的発達に機能しないモデルを批判する機会となるにも

かかわらず、型を破りプログラムの快適な規則性を逸脱することは、生物学的
心理的など『非学習』の欠点を障害児に帰すのが簡単なため障害児のみに逸脱
を許可される」[17] など、学校における感情排除と障害児排除の文脈を重ねる。

『知ることの感情』を導き出すための条件

　教育における感情のサポートの必要を捉えたクオモは「知りたいという感情
を導き出すアプローチこそ知識の道がしばしば提示する困難と努力の克服を決
定し、それらを楽しい冒険に変えるエネルギーとして認識できる」[18] と主張す
る。「教育方法や分脈が子どもたちに知りたいという欲求を提示することがな
く想像力を刺激せずサポートされなければ、教師は学習を継続的に促進するよ
うな状況を生み出すことはない。」[同] 一方で、知りたいという感情を導き出す
アプローチによって「簡単、難しい、非常に難しいという階層に関係なく、内
容に『引きずりこむ』ことができれば楽しい思い出として残る経験となる」[同]
故に学びが継続できるのである。彼は教育学研究に対し「学習上の困難は喜び
や欲望を生み出さない退屈さや単調さが常に影響しているが、その教育方法に
疑問を投げかける参考文献はあまりない」[同] と批判し「困難が本質的に内容で
はなく方法・状況・分脈にあるという傾向を浮き彫りにする必要がある」と指
摘する。こうして、クオモは「知る感情」を導き出す「学びの不利な条件を排
し有利な条件を提供する」要素を下のように導いたのである [19]。

表１）『クオモによる学びの不利な条件を排し有利な条件を提供する要素』

a）単一の知性モデルから異時性モデルへ
非常に多くの場合、同じ子どもの中に異なる知性とスキルが存在するこ
と、一人の子どもの異なる時代と状況でこれらを発見し、単一の知性モデ
ルを覆す必要がある。
b）成功の基盤とされる子どもの動機の誕生の基礎を築く
動機は、知りたいという欲求を促進し学習を促進するため、教師は動機を
さがすが、子どもの動機はそこにないことがよくある。したがって、成功
の条件を作り出すことが不可欠であり、その可能性は異時性の中で探求さ
れなければならない。子どもが「できる」分野、子どもの最小限のノウハ
ウを認識し、動機と欲望の「誕生」の基礎を築く。

c）孤立した状況や知識の細分化ではなく統合された視点と多様なアクセスの提案

要素と状況の孤立は、複雑に明確化された体系的な現実を断片化する。統合された視点は、目的を達成するために読み書きへの多様なアクセスを提案する。身体、より広範な動き、リズム、他者は、その子どもにとってより適切な参照となり、アクセスを構築し成功やモチベーション、そしてそれによってスキルを習得する可能性を提案する。

d）直線的な計画ではなく多様なアクセスの可能性を位置づける

知識は直線的で総括的な道筋ではない。クラスグループには、強制的にパッケージ化された教育とは対照的な、目的を達成するためのさまざまなアクセスの可能性やさまざまなスケジュールとツールの可能性を備えた研究の道筋が含まれる。

e）学ぶためには、繰り返し繰り返し、繰り返しが必要という考えをやめる。

「教育主義」に基づき受動性と静性を求める学校では、教師は単に「知的成熟度」の検証を要求される。

3．AEMOCON（L' Associazione Emozione di Conoscere）
実践概要

　これまで見たクオモの研究はAEMOCONの設立に発展する。AEMOCONでは、インクルージョン促進に向けた本の出版やインターネットを利用した家庭および学校のグッドプラクティス紹介、相談活動や介入活動、さらに、学校卒業後の当事者が自立を希望する場合を想定した体験宿泊アパートメントの運営や社会的協同組合と連携した商店経営による障害者の一般就労促進も展開される[20][21][22]。「その人の人生のさまざまな文脈で、ケアモデルを超えて成人するまでの人生を通して新しい方法へと向かう介入をデザインする」[23]ことがその目的である。「すべての人は、自分の独創性に関係なく世界の中で自分の役割を見つけ自分が有用で有能であることを発見する権利を持つ」と考えられ「適切な支援や仲介ツールによって認知や情緒の発達を支援し高めるのに役立つ機会を計画創造し、すべての人が世界にアクセスし参加する」[同]ための介入策が図られる。その介入策は「個別の文脈における障害を持つ人のために特別

に設計された道筋ではなく、すべての人の世界を彼らも利用できるようにするために有用な戦略、仲介ツール、関係様式を提示する」⑯ことを企図する。

AEMOCONの介入策「知ることの感情と存在の欲求」メソッド

　AEMOCONは「出来事や関係性の文脈、存在しコミュニケーションしたいという欲求、他者と一緒にいたいという欲求によって決定され、心理的・感情的関係からまったく切り離さない学習教育環境をデザインする」(24)。その介入策「知ることの感情と存在の欲求メソッド」の概念が下のように示される。

表2）『知ることの感情と存在への欲求メソッド』

1）異時性：「個人は、その発達において一定のリズムに従うのではなく異時性に従う。つまり、個人は心理生物学的発達のさまざまな分野に応じて異なる速度で発達する」(ルネ・ザッツォ– 1910/1995)。人の発達は、均質な道(総括的および直線的)としてではなく複雑な道として理解され独自のバランスを持ちさまざまな認知的および生理学的領域で異なる成熟時間がある。

2）グローバル化：各要素が他の要素に影響を与えさらにその影響を受けるという複雑なシステムを指す。文脈、状況、経験が出来事の意味を左右する。平等な道は異なる目標の達成が可能であり、異なる道は平等な目標を達成することができる。

3）機会：受動的であらかじめパッケージ化された学習日程を定義するのではなく「できる」から出発して、ある学習を習得する必要性が生まれるような、現実的で感情的、関係的に強い機会を組織するプロジェクトが必要である。

4）自律―社会化―学習：これらは統合された同時システムとして考慮され、相互の意味合いと統合の度合いに関連して介入の有効性を評価する。

5）生きた/経験：教育学的なレベルでは、子どもが最も注意深く参加的である瞬間を拡大し強化することが望ましい。このような瞬間を質的に拡大することで、一方では子どもへのアプローチの仕方や機会の使い方の違いを明らかにし、他方では技能や性格に良い影響を与えるような、コミュニケーションや人間関係の可能性を発達させることができる。

6）プロセスへの注意：障害のある人々をプロセスに巻き込み、深く構造

的な方法でスキルを習得するための行動を振り返ることができる状態に置き、意図的に認知的伝達を可能にする[25]。

4．包括的視点と介入策の共通性と独立性

先の表1）『学校が学びのために提供すべき有利な条件』と表2）『知ることの感情と存在への欲求メソッド』には共通する概念と独立する概念がある。下表3）のように「自律─社会化─学習」及び「プロセスへの注意」はAEMOCONの介入策の特徴である。

表3）『包摂的な視点と介入策の共通性と独立性』（2023：二見）

クオモが示す学校にて提供すべき学習に有利な条件	AEMOCONの介入メソッド「知ることの感情と存在への欲求」の基本概念		
共通する概念		独立する概念	
異時性に着目する：個人は、その発達において一定のリズムに従うのではなく、異時性に従う。 子どもの動機を探す。 読み書きへの多様なアクセス。（身体、広範な動き、リズム、他者） 目的に達するための多様なアクセスの可能性、多様なスケジュールとツール。	基本概念1）異時性に着目する基本概念2）グローバル化・複雑性を知る。 基本概念3）現実的で感情的、関係的に強い機会の組織化。 基本概念5）生きた/経験：子どもが最も注意深く参加的である瞬間を拡大し強化する瞬間を質的に拡大する。	基本概念4）自立＝社会化＝学習 ：統合された同時システムとして、相互の意味合いと統合の度合いに関連して介入の有効性を評価。	基本概念6）プロセスへの注意 ：障害のある人々をプロセスに巻き込み、深く構造的な方法でスキルを習得するための行動を振り返ることができる状態に置き、意図的に認知的伝達を可能にする。

5．AEMOCONの思想に基づく音楽教育指導事例

次に、AEMOCONの研究協力者であり教員向け研修等に携わるAlberto Rojas Velezのインタビュー（動画記録とノートメモ）[26]記録より、「知る感情」概念に基づく氏の音楽表現活動の一端を把握したい。調査概要を下表4）に示す。

表4）『インタビュー調査概要』

> インタビュー日時と場所；2022年10月。ボローニャ市調査協力者のご自宅。
> 調査者：二見妙子と通訳者及びビデオ撮影者
> 調査対象者の概要：氏名：Alberto Rojas Velez
> AEMOCONの研究協力者である。1989年以来ニコラ・クオモ教授と共に欧
> 米など多くの大学との共同プロジェクト「L'Emozione di conoscere」に取り
> 組んできた音楽教育学者兼合唱指揮者である。レッジョ・エミリアおよび
> ボローニャ州の様々な学校で教員研修や音楽教育講師を務める。コロンビ
> ア国立教育大学で学びコロンビアの高校、音楽学校、大学、特別教育学の
> 研修機関で音楽教育学の講師を務めた後、1987年よりイタリア在住。ボロ
> ーニャ大学とローマ大学で合唱曲とグレゴリオ聖歌の研究。イタリアとバ
> チカン市国の様々な合唱団でその研究を応用発展させた。ダウン症協
> 会C.E.P.S（Centro Emiliano Problemi Sociali）の音楽教育指導者。定期的
> に音楽トレーニングセミナー、声楽ワークショップ、合唱指揮者コースを
> 開催。教育活動に加えヨーロッパとアメリカ大陸でコンサートを実施して
> いる。

アルベルト（Alberto Rojas Velez）氏の音楽教育研究とAEMOCON

　インタビュー概要にあるように、アルベルト氏は1989年以来クオモと共に欧米など多くの大学と共同プロジェクト「L'Emozione di conoscere」に取り組んできた音楽教育学者兼合唱指揮者である。ボローニャ市や近隣のレッジョエミリア市の大学や学校などで教員研修や音楽表現活動の指導を行っている。インタビュー記録によると、アルベルト氏がイタリアで音楽指導に携わり始めた1980年代後半は、子どもグループの中にダウン症児の在籍が1〜2名あり、全ての子どもを対象とする新しい指導方法の構想が必要とされた。氏はその時ボローニャ大学でクオモと出会い研究に参加したのである。氏は当時のイタリアの教育界の新動向を15世紀から16世紀のイタリアルネサンスにたとえ「人間の個性や自由な生き方」を尊重するものとして共鳴し「音楽教育を通して魂を創る」ことに意義を見い出し、障害の有無にかかわらず全ての子どもに対して音楽の原初的活動の価値や楽しさを伝える指導方法を追求してきたのである。また、近年アルベルト氏は、スペインの研究者ペレスやファリーニャらと共に論

文「創造性とインクルージョンを強化する軸としての音楽教育」[27] を執筆し「インクルーシブな社会を構築するためのエージェントとして、音楽と創造性を統合し理解するという、これからの新しい状況に対する解決策を見つけることは、音楽教育にポジティブな影響と変化を与える」とインクルーシブ教育における音楽教育の重要性を主張し、ヨーロッパでは教師のイニシャチブが公的に尊重されているからこそ学校も教師も学び続け変革し続ける必要があること、音楽教育のアプローチも変わり続ける必要があることを「知る感情」の視点と共に主張する。今回の訪問時、氏が近年作成した教材などを使って、実際の音楽活動を例示いただいた。以下に記録ビデオとメモよりその内容を記述する。

記録 1 ―音の聴取と声による表現

　まず、楽器の音を聴いて声で表現する活動が行われた。教師が楽器を鳴らし、子どもは、その音を聴き取り、声や言葉で模倣、再現する。今回は、かえるの鳴き声の出るものや、空気の振動音を発する塩化ビニールのメロディパイプ、木片を振って打ち合わせて音を発する楽器が使用された（写真1）。アルベルト氏はこの活動の目的を「声を発することで首の筋肉を刺激したり、唇や舌を動かすエクササイズ」と説明し「表現される模倣活動には正解がないため、子ども一人一人の表現力を最大限に引き出すことにつながる」とその特徴を述べる。

写真 1)『音の聴取と声による表現活動に用いる音具や楽器』

記録 2 ―リズムカードを用いた身体表現

　2つ目は、リズムカードを用いたステップと身体表現である。音符でリズム（♩「タン」や♫「タタ」など）を描いたカードを床に置き、カードの側を2拍子の拍に合わせてステップを踏んで歩く（写真2）。展開として、ステップ

を踏む際にはリズムに添えられた言葉を読むこと、カンガルーや鳥、兵隊など
のイメージを身体で表現して歩いたり、2拍子の拍間に変化をつけてステップ
を踏んだりすると説明された。一般的なリズム指導では、身体活動を通して音
の時間経過とそのまとまりを理解することが強調されやすく正確さが求められ
る。就学前の指導方法では、音楽に合わせて手拍子や足踏みなどで自分なりに
表現するものが多くみられる。これに対しアルベルト氏は「リズムを感じるこ
とは子どもの感情に働きかける」と述べ「イメージをともなう身体表現とリズ
ム運動」とを組み合わせている。また「感情は、音の長さと刻みの組み合わせ
方のバランスに起因する」と考えられ、バランスをもたらす要素として音と音
との「間」が重要であるとも述べている。

写真2）『リズムカードに合わせたステップや身体表現』

記録3—絵本の創作を用いたソルフェージュの導入

　最後に、楽譜や音楽記号の成り立ちに関する絵本の創作が紹介された。絵本の読み聞かせを通して音楽記号に対する子どもの興味・関心を引き出すことが目的である。絵本の題材に用いられる音楽記号は音符や休符を記入する「五線譜」、音の長さを示す「音符」、音の高さを示す音部記号のうち「ト音記号とヘ音記号」である。アルベルト氏は「音楽表現に必要なインスピレーションを過去の音楽作品から得るには、音楽を読み書きできる能力つまりソルフェージュ（solfège, 仏）の教育が必要である」と述べる。ソルフェージュとは「音楽の総合的な基礎教育を意味する音楽用語でありその目的は楽譜の全体的な理解と正確な表現能力を習得することにある」[28]。内容は主に3項目あり、音楽理論としての楽典、旋律や和音の識別と楽譜の書き方を学ぶ聴音、音程やリズム記号の読み方を学ぶ視唱とされ、総合的に学習訓練する。しかし、ソルフェージュに対する子どもの苦手意識がみられることから、アルベルト氏は保育者と子どもにとって身近な絵本を用いた指導方法を考案し保育現場や研修に提案している。では、その創作絵本によるソルフェージュの指導方法を見る。1話目の題材は五線譜にて、2棟の建築物に橋（のようなもの）を架けるといった内容である（写真3）。物語では橋を五線譜の横線に見立てており、どろぼうから逃げるため建築家によって1本2本と追加されていく。また、橋を訪れる動物のイメージや鳴き声は楽譜上の音の高さと関連付けられている。例えば，鳥は5本の橋のうち一番高いところに留まり甲高い声で鳴くことで、五線上の音の高さを視覚と聴覚とで結びつけるとい

写真3）『五線譜を題材とした創作絵本』

ったものである（写真3）。2話目では，音符の表記と長さを題材に取り上げて、五線譜に見立てた山を子ども達が探検する物語である。絵本では、子どもたちが山で遭遇する石などの自然物や動物を音符になぞらえて描き、また会話や台詞やその抑揚を、音符の長さやリズムに関連付けて物語を展開する。最後の題材は、ト音記号とヘ音記号の表記方法に関するものである。ト音記号の場合、記号の書き始めの丸いフォルムを月に見立てロケットがその周期を出発し、記号の頂点の太陽をめがけて上昇する軌跡が最終的にト音記号を描いていく。「空間の概念を表す『上，下，左，右』といった言葉ではなく絵と言葉で物語を楽しみながら音楽記号に親しむ」方法を採用している（写真4）。

写真4）『ト音記号とヘ音記号を題材とした創作絵本』

（アルベルト氏の授業を受けた学生が作成したした絵本）

6　分析——音楽性と知る感情

　上記したアルベルト氏の音楽活動を音楽の専門性の視点と上表1）クオモの「知る感情」の包括的視点「学習に有利な条件を提示するための要素」（異時性・子どもの動機・多様なアクセス・多様なスケジュール）にて分析する。

音の聴取と声による表現活動の音楽性と「知る感情」

　今回の調査で見たアルベルト氏の使用する楽器には、演奏に特別な技術を必要としない、ドレミといった音程をもたない、音量が比較的小さい、という特徴がある。これらは、子ども自身の興味関心や条件に合う選択が可能なもので

ある。また楽器が音程をもたないため、子どもは聴き取った音から自分なりの
イメージをふくらませ、声を用いて音の探索や即興的な表現に集中できる。つ
まり音の聴取と声による表現活動では、耳（聴覚）でおもちゃの音、自分と教
師の声に集中し、口（言葉，表現）を使い声の出し方に気付き、目（視覚）で
はおもちゃの動きや素材から音の高さや大きさといった要素を知ることができ
る。また、インタビュー中の表現から、氏は「楽器の音や声を聴き取り表現す
ることを重視し、意図的にリズムや拍を取り入れた活動にしていない」。彼は
専門的な知識や経験から、子ども一人一人の声の出し方や楽器と声とのピッチ
を聴き分け、子どもの自由な表現の端々を音楽的に形づくっている[注1・2]。そ
して、これらはまさに「知る感情存在する喜びメソッド」の「学習に有利な条
件を提示する要素」（異時性・子どもの動機・多様なアクセス・多様なスケジ
ュール）を満たすものである。

リズムカードを用いた身体表現の音楽性と「知る感情」

　リズムカードを用いた身体表現は、リズムと動き、リズムと言葉、イメージ
と動きといったリズムに関わる諸要素を「身体の動き」とともに獲得すること
を目的としている。さらに、氏はリズムの心理的な働きにも言及し「リズムは
感情と結びついており動きは子どもに安心感をもたらす」と述べる。このよう
な、リズムに関わる諸要素を「身体の動き」とともに獲得するという教育方法
は音楽的な専門性による。また、動きに加えてリズムと言葉を関連付けたり動
きにバランスをもたらすために休符や静止を用いたりする点も専門性に基づく
指導方法である。子どもは、耳（聴覚）でリズムを聴き取り、口（言葉、表現）
でそれらを唱えて動きを確認し、さらに目（視覚）でリズムカードを追いかけ
3つの感覚を一体に活動している。そしてまた「知る感情」を生み出すための
「学習に有利な条件の提示のための要素」（異時性・子どもの動機・多様なアク
セス・多様なスケジュール）が意識された活動であった。

絵本創作によるソルフェージュの導入の音楽性と「知る感情」

　アルベルト氏の創作絵本による指導は、ソルフェージュとりわけ楽譜や音楽
記号に対する子どもの興味関心を引き出すための方法の一つである[注3・4]。指
導者側には、音の高さや長さなどの音楽理論を子どもに分かりやすい事象に置
き換える専門性や創造性が必要となる。さらに氏は「聞き手の子どもは物語の

つくり手としても参加する」と語り、目的に近づくための多様なアクセスを準備している。アルベルト氏は音楽教育の専門性の知見と共に絵本を目的に近づくためのアクセスの一つとして活用し、子どもが耳（聴覚）で物語のイメージをふくらませ、口（言葉，表現）で物語に参加し、目（視覚）によって絵と音楽記号に親しみ、心が動くことから知識を獲得する方法を選択している。まさにこれらは「知る感情」を導き出すための「学習に有利な条件の要素」（異時性・子どもの動機・多様なアクセス・多様なスケジュール）が活用されている。

7．考察　インクルーシブ教育（保育）を促進する音楽の専門性と「知る感情」

　以上の分析によって、アルベルト氏の教育活動について、専門性の視点からは、①音楽教育の到達目標を長期的な視野で捉えること、②音楽の他領域との関連性（学際性）を意識すること、③音楽と身体との関わりを重視すること、④音楽を通したコミュニケーションの機会を意図的に設定すること、⑤子どもと教師の経験と音楽とのつながり（絵本や遊びの経験）が意識されることの5点の要素を捉えた。氏の授業活動は、インクルーシブな音楽表現活動には教師の音楽的な専門性を基にしたアプローチが子どもの状況に応じて変更され続ける必要があることを知らせている。リトミックやモンテッソーリ、サウンド・エデュケーションなど過去の優れた音楽教育の理念や方法（リズムの指導、音楽活動と身体との関連性など）を深く理解し、これらを新たなアプローチに生かしている。また、子どもの能力の差を理由に音楽教育で指導すべき事項を省略するのではなく、音楽教育の概念から必要なエッセンスを選択できる専門性を持ちアプローチの方法を構想している。音楽教育で指導される内容（例えば，子どもが苦手意識をもつソルフェージュ）とその質を落とさず保つ姿勢を捉えた。さらに音や音楽の要素と身体の諸感覚である耳（聴覚）、口（言葉，表現）、目（視覚）とを関連付けが3つの実践に一貫している。アルベルト氏の実践は音楽の専門性に支えられたプログラムであり、その内容と方法には音楽の本質を追求する彼の態度が顕れている。

　これをAEMOCONの知る感情の視点にて示すならば、氏が音楽活動に使用するたくさんの教材や教育方法や語る言葉の中には、子どもの知性が単一ではなく異時性があることが反映されており、教え手が子ども自身の動機に近づき、子どもの動機と学びたいという欲望の誕生の基礎を築き、学習を進め成功の条件を提供しようとする研究的な姿勢を捉えた。同様に、音符やリズム、音階な

どを強制的な言葉や発音、繰り返し練習ではなく、玩具、身体表現、創作絵本、楽しさ、やさしい雰囲気など、子どもが学習にアクセスしやすく、成功するためのモチベーションとその結果スキルを習得する可能性が提案されていた。直線的な教育方法ではなく、目的を達成するために子どもの状況に応じたさまざまなアクセスの可能性が研究されていることも同時に確認することができた。これらのことから、教師の音楽性、子どもの音楽性、音楽表現活動の音楽性を深めることとインクルーシブ教育を深めることは矛盾しないことを把握した。

おわりに

　イタリアのAEMOCONを事例にインクルーシブ教育保育の内容や方法を探求した結果、①インクルーシブ教育保育の推進には「知る感情存在する喜び」を導き出す専門性の位置づけが必要であること、②集団活動を包括する視点と障害児独自の立場から介入策を評価する視点の共通性と独自性があること、③インクルーシブ教育保育の深化と音楽教育の本質的な追求は矛盾しないこと、以上3点の結論を得た。今後はインクルーシブ教育保育のための介入策について評価方法を考察したい。

注
（1）シェーファー, R. M. ：Raymond Murray Schafer・鳥越けい子・若尾裕・今田匡彦訳（1992）『サウンド・エデュケーション』春秋社。シェーファー（1993-2021）は、模倣の重要性を「表現力は身の回りの音や音楽に耳を傾けて模倣することを繰り返すことによって養われる」「聴く対象は竹チャイムや子どものガラガラ、目覚まし時計など身の回りの音素材」とし、その響きを声で再現するエクササイズを提案している。
（2）文部科学省（2018）『小学校学習指導要領平成29年告知解説音楽編』東洋館出版社。「1、2年生の領域A表現の（3）音楽づくり（ア）音遊び」にも低学年の児童の表現について「声や身の回りの様々な音の特徴に興味をもち、表したい音やフレーズを探したりいろいろな表現を試したりする傾向がある」との記述がある。
（3）岸本憲一良（2022）「絵本の読み聞かせと幼児教育」『教育実践総合センター研究紀要54』241-248。
（4）細川匡美（2021）「シャスヴァン・メソードにおける物語を活用した音楽表現に関する考察」『東京未来大学研究紀要15』149-159。

引用文献
（1）落合俊郎・高杉弘之（1985）「イタリアの特殊教育について―インテグレーションをめぐって」『世界の特殊教育Ⅲ』国立特殊教育総合研究所1989年59頁。・柴山盛生代表（1994）『日・欧米の特殊教育養成と現職教師教育に関する比較共同研究』平成 6 年度科学研究費助成金（国際学術研究）国立特殊教育総合研究所。落合俊郎監修『世界の特殊教育の新動向』日本精神薄弱者福祉連盟, 1997. 8 など。
（2）大橋俊郎代表（1992）『欧米諸国における特殊教育の実態と新しい展開に関する比較分析的調査研究』平成三年度科学研究費助成金（国際学術研究）国立特殊教育総合研究所109-122。
（3）堀正嗣（1997）『障害児教育のパラダイム転換』明石書店407－410頁。
（4）東屋敷尚子（2021年 3 月公開）東京藝術大学博士学位論文音楽研究科博士後期課程音楽専攻音楽文化学研究領域音楽教育研究分野モンテッソーリ教育における音楽指導の本質と役割―改革教育運動期のドイツにおける教育メソッドの受容過程および音楽指導の検討を通して―」。
（5）菊池由美子（1999）「モンテッソーリ教育における音楽教育の展開―マリーシェーファのサウンドエデュケーションを手がかりにして」盛岡大学短期大学部紀要第 9 巻. 1 －7 頁。
（6）マクドナルド, D, T・サイモンズ, G, M：神原雅之・難波正明・里村生英・渡邊均・吉永早苗訳（1999）第 6 章「障害のある子どもを音楽活動にとけ込ませること」『音楽的成長と発達―誕生から 6 歳まで―』にケイト・ガフェラー（1999）に関する記述がある。
（7）星山麻木・板野彦（2015）『一人一人を大切にするユニバーサルデザインの音楽表現』萌文書林。
（8）阪井恵・酒井美恵子（2018）『音楽授業のユニバーサルデザイン』明治図書。
（9）加藤柚乃（2015）「インクルーシブ教育の理念に基づいた音楽科授業構成の視点」（4 インクルーシブ教育、Ⅱ 音楽経験と認識）学校音楽教育研究19巻. 142-143頁。
（10）加藤柚乃（2016）「インクルーシブ教育の理念を取り入れた音楽科授業における子どもの学びのプロセス―生成の原理に基づく鑑賞の授業を通して」学校音楽教育研究20巻。
（11）鈴木祥蔵・堀正嗣（1990）『人権保育カリキュラム』明石書店子ども情報研究センター144-166頁。
（12）Nicola Cuomo(1994)「ACTIVE PARTIPATION AND ASSISTANCE IN THE DIFFICULTIES OF THE HANDICAPPED: THEORY　AND PRACTICE OF EXTRA-SCHOLASTIC TEACHER TRAINING COURSE」柴山盛生代表『日・欧米の特殊教育養成と現職教師教育に関する比較共同研究』平成 6 年度科学研究費助成金（国際学術研究）国立特殊教育総合研究

所、50-55頁。

(13) Nicola Cuomo（2004）『L' ALTRA FACCIA DEL DIAVOLO』CILS序章 19頁。

(14) 柴山盛生代表（1994）『日・欧米の特殊教育養成と現職教師教育に関する比較共同研究』平成 6 年度科学研究費助成金（国際学術研究）国立特殊教育総合研究所、50-55頁。

(15) Nicola Cuomo（2004）『L' ALTRA FACCIA DEL DIAVOLO』CILS第 1 章 5 頁。

(16) 同前第 1 章 8 頁。

(17) 同前第 1 章10頁。

(18) 同前第 1 章 7 頁。

(19) 同前第 1 章 9-11頁。

(20) https://aliceimola.com/2023/10/01/buone-prassi-alla-scuola-primaria（学校などのモデルビデオAEMOCON）。

(21) F abio la malfa 『L' AVVENTURA DI SIMONE』（ルネの冒険）LUNI出版2021年。

(22) FONDAZIONE CONDIVIVERE ONLUS『FONDAZIONE CONDIVIVERE ONLUS—独自のインテリジェンスの統合開発、進化のための筋道の提案推進開発実践』冊子　FONDAZIONE CONDIVIVERE ONLUS。

(23) 「AEMOCON」:http://www.emozionediconoscere.com.Metodo.20231202確認。

(24) 「AEMOCON」:http://www.emozionediconoscere.com. Chi Siamo.20231202確認。

(25) 「AEMOCON」:http://www.emozionediconoscere.com.Metodo.20231202確認。

(26) 「Arberto Rojas Velez氏の講話記録（ビデオ記録）」二見妙子：2022年10月。

(27) 「Alberto Rojas Velez、Manuel Pestano Pérez、Haridian Rodríguez Fariña「Educación musical como eje para elortalecimiento de la creatividad e inclusión」：Creatividady Sociedad、Creatividad y música　nº 28・junio 2018。

(28) 音楽之友社編『新音楽事典楽語』（1991）音楽之友社

金子珠世（公教育計画学会会員・北九州保育福祉専門学校（現在　東亜大学））
　　　　　　　／二見妙子（公教育計画学会会員・福岡県立大学）

研究ノート

研究ノート

原発災害と向き合った教育実践
——原発災害の科学的側面を扱った教育実践の分析

宮里　和希

はじめに

　原発事故から11年が経過し、原発事故を直接知らない子どもが増えていく中、学校教育が果たす役割は非常に重要である。本稿では、原発災害と向き合った教育実践[1]の学習内容を、「分析学習」「総合学習」というアプローチに注目し、学校教育での原発災害の扱い方について検討していく。分析学習・総合学習とは、算数教育を中心に戦後の日本教育に大きな影響を与えた遠山啓の「術・学・観」[2]という独自の教育概念に基づき、提唱された教育方法である。

　原発災害を扱った教育実践の分析には、いくつかの先行研究が存在している。例えば、井ノ口貴史や大谷伸治の「戦後史学習」という側面からの分析、桐山信一や岡田努・野ヶ山康弘らの「原発事故の風化」に問題意識を置いた分析、山口克彦や後藤孝也、中野英之の「原発災害と放射線教育」の関係性に注目した分析、菅原至の「原発災害後の子どもたちのケア」の観点からの分析、子安潤の「リスク社会論」からの分析など、様々な側面から現代の教育や社会と教育実践が結び付けられながら分析されている。本論はその中から子安の先行研究に注目し、原発災害と向き合った教育実践の分析を始めていきたい。

　ここで、子安の「リスク社会論」紹介の前に、教育の話題から少し離れ近年の科学技術の進化に関して目を向けてみたい。数年ほど前から、「Stable Diffusion」などの画像生成AIや「ChatGPT」といったチャット生成AIなどAIを中心に、科学技術は急激に普及・発展しており、さまざまな分野で導入されるようになってきた。　しかし、科学技化の急激な発展に伴う恩恵の一方で多くの問題も現れている。ここではすべての問題を列挙しないが、本稿ではその中の一つとして情報の多様化に伴う、真偽の確立性に注目したい。

例えば、2019年頃から始まる新型コロナウイルス感染症の流行を契機に、インターネット上では多くの専門家による医療情報の発信を目にするようになった。特にワクチンをめぐる情報に関しては、賛否どちらも科学的な根拠を基に展開されており、市民の情報混乱も招いていた。

　筆者自身も先ほど科学技術のもたらす課題の一つを情報の真偽性と述べたが、ここで筆者が注目していきたいのは情報の真偽判断の見極め方についてではない。筆者が注目したいのは、トランスサイエンス という概念で整理されているような、科学的だが不確実な情報との向き合い方に関してである。現代は科学の発展に伴い、少し前まで我々が曖昧にとらえていた様々な対象が数値化・視覚化されるようになった。原発災害に関していえば、原子力・放射線に関する科学情報が当てはまる。原発災害がもたらした問題の中には、低線量被ばくの問題など、放射線・原子力に関する、科学的だが不確実な情報の問題が存在する。原発災害をどのように教育が捉えてきたかということに注目することは、現代の科学技術に関する問題を考える際に有力な示唆を与えてくれるだろう。

　さて、原発災害を扱った教育実践の分析の一つである、子安の研究に戻りたい。子安は「リスク社会における原発教育の創造」（2013）において、「リスク社会」という、現在社会の抱える複雑な問題を「科学技術の発達によるリスクの増加」を軸に整理した社会理論をもとに、原発災害を中心とした「リスク社会」における教育の在り方の検討を行っている。子安によるとリスク社会における教育では、教科書通りに教える事、最新の科学的研究成果や公認された科学の到達点に従って教育を行っていけばよいのではなく、通説を明らかにするとともに、それと対抗する見地を探すという「真理観の転換」が必要になったという。リスク社会論における分析をもとに「教材研究」の視点から、学習指導要領や放射線副読本、教科書の検討を行いリスク社会における授業づくりの方法が提示されている。

　先に筆者は、現代の科学技術の発展を例に挙げ、科学がもたらす情報との向き合い方について注目したいと述べた。子安の注目するリスク社会論も、同様な観点からの問題であり、彼の提案する「真理観の転換」を重視する教育論は我々が教育学を研究する上で重要な教育理論となっていると考える。一方で、子安の研究では理論の展開はなされているが、具体的な教育実践の検討や評価までは提示していない。教育には理論と実践の 2 つの側面がある。

そこで本稿では、教育実践をもとに、学校教育で扱われた原発災害に関する教育実践を検討・評価していく。

　原発災害と向き合った教育実践記録の対象として、全国の教育現場で毎年作成される教育実践記録のタイトルを体系的に整理した書誌である『日本の教育』（1952〜2022）を手がかりにして、原発災害を扱った教育実践のタイトルに対応した本文を取り上げる。本文の収集に際しては、大森直樹・大橋保明編著『3.11後の教育実践記録　第2巻—原発被災校と3.11受入校—』（アドバンテージサーバー2021）に収録されている教育実践記録を中心に閲覧し、同書に収録されていない教育実践記録については、『日本の教育』にて公表されている教育実践記録のタイトルをもとに一般財団法人日本教育会館附設教育図書館において本文を閲覧した。その一覧が以下である。

図表

NO.	実践者名	学校名（県）		タイトル
1	森川正徳	一関市立花泉中	（岩手）	文部科学省からの学習用機器貸出『はかるくん』を借りて放射線量を調べよう
2	片山直人	釜石市立小佐野小	（岩手）	つなぐこと
3	糸日谷美奈子	釜石市立釜石東中	（岩手）	放射線学習の実践
4	柴口正武	広野町立広野中	（福島）	原発事故・・・
5	藤田美智子	福島市立平野中	（福島）	60キロ圏外まで逃げないと！」
6	天笠敏文	青梅市立藤橋小	（東京）	原発事故と放射能のはなし
7	橋口由佳	杉並区立松渓中	（東京）	放射線被ばくと学校
8	佐藤ゑみ	色麻町立色麻中	（宮城）	3・11を忘れずに生きる
9	小松則也	矢巾町立矢巾東小	（岩手）	ほうしゃせんのべんきょう
10	大槻知恵子	福島市立蓬莱中	（福島）	文科省版『放射線副読本』についての検討と理科の授業における放射線教育の取り組み
11	荒香織	福島県立大笹生養護学校	（福島）	震災・原子力災害から考えるインクルーシブ教育
12	深谷拓男	矢吹町立矢吹小	（福島）	正義と平和のために　生まれ育った町を誇りに思い！
13	前田文子	郡山市立宮城中	（福島）	学校における「放射線教育」の試み
14	荒香織	福島県立大笹生養護学校	（福島）	震災・原子力災害から考えるインクルーシブ教育
15	三浦俊彦	福島市立松川小	（福島）	放射線教育の実践から
16	荒香織	福島県立大笹生養護学校	（福島）	震災・原子力災害から考えるイン

			クルーシブ教育
17	今澤悌	甲府市立新田小（山梨）	「きれいなB町に帰りたい・・・」
18	佐藤郁夫	福生市立福生第六小（東京）	福島原発事故後の原発学習
19	武高子	目黒区立第九中（東京）	試食会を活用して
20	伊藤弥	須賀川市立白江小（福島）	福島からの震災・原発の授業
21	佐藤雄一	伊達市立伊達中（福島）	原発事故以後の「避難区域」の状況と課題と福島第一原発事故後の福島における放射線教育のあり方
22	鈴木祐美	南相馬市立鹿島小（福島）	「モンスター」に思いを込めて
23	飯塚裕一	郡山市立柴宮小（福島）	放射線教育の実践
24	山本晴久	千葉県立流山おおたかの森高（千葉）	「コンセンサス会議」の手法を用いた「千葉県柏市における放射能問題」授業実践
25	秋山二三夫	埼玉県立本庄高（埼玉）	震災に向き合った184人の高校生
26	深谷拓男	矢吹町立矢吹小（福島）	家庭科を通して見つめさせる「命と絆」の教育
27	阿部弘子	相馬市内の公立小（福島）	ぼくたちの福島・希望、そして未来に向かって！
28	大槻真孝	相馬市立向陽中（福島）	あの日から今まで
29	柴口正武	広野町立広野中（福島）	「原発事故」に向き合う！
30	佐藤誠	棚倉町立高野小（福島）	震災・原発事故を見つめなおす社会科教育
31	伊藤弥	須賀川市立白江小（福島）	福島からの震災・原発の授業パート2
32	鶴島孝子	南相馬市立原町第一小（福島）	放射線教育
33	佐藤方信	三島町立三島小（福島）	小学校におけるシイタケ栽培、ダイズ栽培、味噌造りの実践
34	柴口正武	広野町立広野中（福島）	「教材ふたば」の実践から人権を考える
35	坂井聡	いわき市立平第二小（福島）	「フクシマ」における放射線教育の実践
36	押部逸哉	福島市立信陵中（福島）	原発事故を伝え、健康と生命を守る放射線教育
37	押部香織	福島市立福島第三小（福島）	はじめての「平和教育」実践リポート
38	柴口正武	浪江町立浪江中（福島）	ふるさとについて知ろう
39	深谷拓男	西郷村立熊倉小（福島）	家庭科を通して見つめさせる福島の「命と絆」の教育
40	三浦俊彦	福島市立渡利小（福島）	放射線教育の実践
41	宮伸幸	滝沢市立滝沢小（岩手）	卒業式を共に
42	伊藤弥	天栄村立大里小（福島）	福島から避難した児童へのいじめの授業
43	菊池ゆかり	石川町立石川小（福島）	「放射線教育」における人権教育学習の実践
44	渡部秀和	南会津町立田島小（福島）	社会科教育における原発公害についての実践

45 渡邊大子　盛岡市立厨川中（岩手）　　　　災害を自分のこととして考えるために
46 日野彰　富岡町立富岡第一中学校（福島）　放射線教育と福島の現状
47 今野美保　いわき市立中央台東小（福島）　福島県にいる人としての悩みと平和教育
48 柴口正武　浪江町立なみえ創成中（福島）　「ふるさと浪江」を発信
49 永田守　芦屋市立打出浜小（兵庫）　　　　打小の「震災をわすれない」とりくみ

１．原発災害を「分析学習」として扱った教育実践

　分析学習とは、ある事象を各学問から分析し、精選された学問内容を各教科に分け習得する学習である。現在学校教育でのほとんどの学習は、この分析学習の学習形態をとっているであろう。

　今回整理してきた実践記録の中の代表的な分析学習の実践として、佐藤実践が挙げられる。佐藤実践は理科の領域から、放射線に関する学習を通して原発災害に向き合った実践である。

　佐藤実践は、計５時間の指導計画によって構成され、大きく放射線に関する学習とエネルギー問題の学習の２つに分かれている。原子の構造の説明から始まり、放射線の種類や放射性物質の説明、半減期や自然放射線と、十分な放射線に関する基礎知識を学習内容として扱っている。

　さて、「低線量被ばく」の問題に代表されるように放射線の人体に関する影響に関しては、専門家の間でも立場の分かれる問題も多い。自然科学研究の中でも低線量被ばくなどの問題は、「科学によって問うことはできるが、科学によって答えることはできない」という「トランスサイエンス」という概念で整理されることもある。

　先に挙げた佐藤実践では、このような原発問題に関する教育の中立性維持の問題や学問的な知識の複雑さを、放射線学習における内容を科学的な基礎知識と医学的な基礎知識の二つに分類して実践を進めることによって乗り越えようとしている。科学的な基礎知識の学習では$\alpha \cdot \beta \cdot \gamma$線、半減期などの放射線の種類や性質についての学習が、医学的な基礎知識の学習では、外部被ばくや内部被ばくに関する学習や被ばくとガンとの関係性についての学習が行われている。

　ここでは、トランスサイエンス、専門家の間でも意見の分かれるような問題は全て「医学的な基礎知識の学習」の中で扱われることになり、科学的な基礎知識の学習では科学によって解答可能な知識を扱うことになる。複雑な

原発問題という教材に対し、理科的な視点から知識的に性格が違う内容に分け学習を進めた本実践は、分析学習として原発災害を扱った優れた実践として評価できる。

2．原発災害を「総合学習」として扱った教育実践

　分析学習[4]には、個別教科が個別科学の各分野を分析的に探究していく性格を反映しているがゆえに学習内容を有機的なまとまりをもって組織化することが難しいという欠点も存在する。

　それに対し総合学習は、各教科で得た知識を束ねるための学習であり、暗記中心の学習ではなく、学習者が社会問題などについてじっくり考える事を特徴とする。

　今回整理した実践記録からは、総合学習の実践として伊藤実践を例として挙げたい。

　伊藤は6年生の子ども達を対象に、新聞記事やＴＶニュースなどで話題になった論争的なテーマを中心に震災・原発の問題を子ども達に考えさせる実践を行っている。

　まず一つは、「震災の負の遺産は残すべきか」についてである。新聞記事で取り上げられた「津波で黒焦げになったパトカー」、「過去の原発推進看板」という2つの震災の遺産を残すべきかどうかを討論形式で扱っている。ここで子ども達は、「残さない派」からの意見としては「家族を失った人に震災の事を思い出させたくない」「看板があると前の生活を思い出してしまう」などの理由を、「残す派」の意見では、「小さな子供たちに真実を伝えておきたいから」「悲しむ人はいると思うけど、後世につなぐため、残しておいた方が良い」など、自分たちの経験をもとにそれぞれが震災に真剣に向き合っていた。パトカーに関する議論が遺産や教訓、風化などの視点かとの意見が多かったのに対し看板撤去の議論では、撤去の費用に400万円以上かかることを軸に、その分を復興にまわした方が良いなど、経済的な面の視点も追加され、討論を重ねるほどより幅広い視点を持ちながら震災の問題を扱っていた。

　これら討論の次に伊藤は、「（当時の放射線基準値に対し）郡山での母親たちの抗議運動」を題材に、「『年間20ミリシーベルト』という国の言う事に、その当時にあなただったら従ったのだろうか、それともおかしいと思っただろうか」・「文部省の前に座り込んで抗議し、国の基準値を変えさせた母親た

ちの行動は当然の権利か、騒ぎ過ぎなのか」という問題を提示している。前者の議論に関しては、「従わない」という意見が多く、「データは鵜呑みにできない」「安全といえばいうほど、なんだか怪しいところがあの頃はあった」などの意見が挙げられている。座り込みに関しては「当然の権利」だという賛成派の意見に対し、母親たちの「座り込み」という選択に違和感を感じ、「反対派」に回った子ども達の意見も多い。

伊藤はこの点に関し、授業者として「課題の『騒ぎすぎ』という問いかけがあまり良くなかったのかもしれない」と振り返っている。しかし、この2つの議論で子どもたちは、「100％安全ではないのにそのままにするのはおかしい」「なんだかあやしい」などの、子ども達の当事者としての経験や感覚と、「署名などの（国民主権を行使する別の）選択肢もあるのではないか」などの「生存権や言論の自由・集会の自由があるので座り込みは当然の権利」などこれまで学習してきた知識に基づいた意見がみられる。自分たちの経験に基づいた考えと、学習で学んできた知識に基づいた知識との間を往来しながら、真剣に原発問題と向き合っていた。

3．原発災害を「分析学習」「総合学習」の両面から扱った教育実践

> われわれのめざすべきものは、分析なき総合でもなく、また、総合なき分析でもない。それは、総合と分析でなければならない。

上記は、「分析学習」「総合学習」を提唱した遠山啓の言葉である。1節、2節で扱った教育実践は、分析学習のみ、総合学習のみの実践であった。遠山の言葉をふまえ本節では、分析学習、総合学習の両方から原発災害を扱った山本実践についてみていきたい。

山本実践は、実践校の位置する柏市での放射線問題をテーマとした授業である。山本が本実践で挙げている目的は、放射線問題を題材に子どもたちの「社会的合意形成能力」の育成を図ることである。「不確定要素をふくみ、科学者にも答えられない問題」には「公共空間」における「社会的合意形成」が必要である、という「科学技術社会論」の立場から、そこで必要とされる能力を「社会的合意形成能力」という言葉で定義している。山本の実践には大きく3つの側面がある。1つが大震災・原発事故や低線量被ばくについて

知る事、2つ目に地域住民との交流などを通した当事者性の獲得、3つ目に本テーマに関する自身の判断を下した後、他の生徒らとの合意形成を図ろうとする事である。

本実践では各段階で「低線量被ばくのリスク評価」に関するアンケートが3度にわたり実施されており、「合意形成」を目的としつつ生徒達の「低線量被ばくのリスク評価」を軸に実践が進められていく。このリスク評価の際に、学んできた知識をもとに生徒同士で意見の相互批判や調整を行い、個々人が意思決定をするという総合学習のアプローチがとられている。

以下では、専門家からの学びや市民からの学び、生徒同士の議論を踏まえた、各生徒のリスク評価の推移に注目していきながら本実践の分析を進めていきたい。

「低線量被ばくのリスク評価」に関する選択肢は以下の5つである。

1．【A】科学的に危険と証明できないので安全とみなす
2．【B】科学的に安全と証明できないので危険とみなす
3．どちらかといえばA
4．判断できない
5．どちらかといえばB

1回目の調査は山本による簡単な講義・生徒たちによる調べ学習・2人の専門家からの講義を聞いた後に行われている。ここでの学習は、自然科学の研究に基づいた分析学習とみなせるであろう。山本実践の分析学習の特徴的な点として、低線量被ばくのリスク評価に関して「安全とみなす立場」・「危険とみなす立場」の、異なる2人の専門家からの講義が設定されている[5]。

事前の調べ学習などで生徒たちが疑問に感じていたところや理解のできていない部分を質問できることを含め、専門的で詳しい内容を学ぶ事ができる事はもちろん、なにより客観性や普遍性の象徴のように捉えられる「科学的知見」に対しても、専門家の見解が分かれるという事実を知ることができる。生徒の反応としても「いろんな意見が聞けて良かったです。それと同時にどの考えが正しいのか考えさせられました」「前回（安全側の立場）とはまた大きく違っていて大変興味深かった。前回はどちらかというと物理学的な視点で、今回はどちらかというと生物学的な視点なような気がした」などが見られる。専門家による講義は、安全とみなす側は疫学の視点に立った統計デー

タを中心に、危険とみなす側は生物学的なメカニズムを科学的根拠としており、子どもたちなりに専門家の立場の違いを読みとれていることが分かる。

　この時点でのリスク評価は「安全（どちらかといえば安全も含む）派」と「危険派（どちらかといえば危険も含む)」はほぼ半々に分かれている。「判断できない」は、またそのさらに半数ほどである。「安全派」の理由としては「100ｍSv以下の場合のリスクは少ない」「自然放射線による被ばく量の高い地域に発がんリスクは見られない」「研究者や宇宙飛行士などは、はるかに高い線量を浴びている」などの科学的知見を基にした判断である。「反対派」は、「子どもの方が（放射線の）影響を受けやすい」「修復できなくなった細胞が積み重なると発がんの可能性がある」などの科学的知見を根拠としている。一方、過半数ほどの生徒からの、科学的知見に基づくものではない判断を下しているように見うけられる意見も存在する。「科学的知見以外の理由」としては、「安全って考えた方が気分は楽」「気にしすぎたら逆に体を壊す」「楽観する方が良い」「危険だと思って行動する方が影響は出にくい」「危険だろうとした方が無難」などの理由があった。

　さて、この分析学習の講義において専門家の話には、「放射線被ばくに対する基準値はその人がおかれた立場や状況によってかなり幅広く設定されており、ある数値だけを見て安全か危険かを議論することには意味がない」というTVなどの報道からはあまり伝えられることのない情報に対して、「今まで数値にとらわれていて本質を見ていなかった」「数値だけを見るのではなく、そこに隠れている事情や状況も視野に入れて考察していきたい」などに生徒の関心が集まっていた。さらに、「大切な情報がたくさん入っているDNAを壊してしまうのだったら、がん以外にも体に被害がありそうだなと思った」など、専門家からの話を聞いて放射線に関する科学的な理解も確実に深まっている。しかし、先に指摘されているように、生徒たちは過半数が「安全」「危険」の判断を情緒的・直観的に判断している。生徒への聞き取り調査などを基に考えると、授業で得た知識よりも、これまでに培われてきた「家族や友人、地域社会などとの関係性によって形成されてきた、物事に対する見方や価値観」による影響が大きいようであった。

　２回目の調査はその約一か月後、放射線に関する情報収集や発信などの取り組みを行っている地域住民の講義を聞いた後に行われている。ここでは、市民と行政の協働による放射線計測・除染等の活動をした関係者、農業経営

者支援の枠組みを立ち上げた研究者など、様々な地域の方を招いての学習が行われている。2回目の結果は、「判断できない」「どちらかといえば安全」の立場をとる者が増えている。立場を変えた理由として、「低線量ならそこまで心配する必要はないかなと、配布資料を読んで決めた」「心配しすぎるのもよくないし、100ミリ以下を危険と判断する事例もないし、いろいろと混乱して」、「『放射線の問題は終わっている』という（地域住民の方の）話に考えが揺らいだ」「市民の取り組みについて聞き最悪の時期は脱したと思った。気にして生きていくのもよくない」「柏に住み続けるとしたら、安全と思うしかない」などがあげられる。反対に、「危険」の側に立場を変えた生徒も存在する。こちらは「地域の人たちの話も聞いて、100％安全とは言い切れないと思って」「『わからないのなら危険とみなす』という友だちの発言を聞いて」などを理由に挙げている。2回目は地域住民の取り組みの話や、生徒同士での話し合いを挟んでの調査であり、それらに大きく影響を受けた生徒たちがいる事が読み取れる。

「地域住民の取り組みに学ぶ」ことの背景には、山本の「当該地域に生きるものとして今後も当事者として考え続けていかなければならないし、場合によっては何らかの判断を迫られるかもしれない」という問題意識がある。そこから、「社会的合理性」という視点から低線量被ばくの問題を見つめなおすことの必要性を挙げている。

一連の地域住民からの講義に対し生徒たちは、山本が想定していた以上の衝撃を受けていたようだ。「専門家の方のお話より一般市民の方のお話の方がより現実味がありました」「やっぱり地域の事を詳しく知っている方々の話を聞く方が良かったと思う。身の回りのどこが危険でどこが安全なのか、や、実際の経験を踏まえた話はとても勉強になりました」など、専門家との比較をした上での感想も多い。他にも、「自分の考えを持っていて、何かを自分たちでやろうと行動したり、演説会に行ったりして話を聞いたり、質問をしたり、活動を起こしていてすごい」、「（地域住民の取り組みを見て）自分は何もしない人間なんだなということが分かり、そして多分周りのみんなも私と同じような人の方が多いだろうと思った時、自分や自分の子供世代の将来が不安に（なったことで）これからは人任せにせず、自分で考えた上での結論をだしていきたい」など、多くの生徒が市民の話から、専門家の講義とは違った感想を抱いている。山本は、これらの生徒の反応を「物語への共感」とい

う言葉で定義し分析している。専門家の話が難解で抽象的なものとして認識されがちなのに対して、「事故前には普通のサラリーマンとして働いていました」と語る「普通の市民」が、放射能汚染という未曽有の災害に対し行動を起こしていく話には「物語」性があり、具体性を感じながら話を聞くことが出来る。

　この「物語への共感」が、「同じ地域に暮らす市民の話を通して、普段から目にしている通学路や公園における汚染を実感し、問題解決のために立ち上がった姿に共感することによって抽象的に捉えていた放射能問題を身近な、そして切実な地域社会の問題と認識することが出来た」としている。同時に山本はここで、「科学的な社会認識の獲得を大きな目標の一つとする社会科授業において『物語』を用いる事には極めて抑制的でなければならない」ともしている。しかし、本実践ではこの問題に対して面白い現象が起きていた。ここで注目したいのは、市民の話に関する複数の生徒からの疑問の声である。「市民団体の人たちの話は本当かなという感じ。もともと心配性なのかな、考え過ぎなのかなと思って」「市民の人の話はあんまり響かなかったです。なんか、風評被害とかを助長しているのはああいう人たちなんじゃないかなって思いました」などの素朴な疑問や、中には「お話の中で『インターネットを使って調べた』という言葉が何回か出てきていたけど、インターネットの情報は多いはずで、その中のどの文章を信じたのか、その根拠が気になる」などの鋭い指摘も見られる。これらの反応から、分析学習の過程で調べ学習や専門家による専門的な話を聞いていることが、「物語への共感」への過度な傾斜を抑制しているように感じられる。

　最後の、3回目のリスク判断に関する調査は、授業終了後に実施されたものである。2回目の調査の後、生徒たちは「ダイヤモンドランキング」の作成、と「模擬コンセンサス会議」を行い、生徒同士で意見交換を行いながら低線量被ばくに対する自身の考えをさらに深めていった。

　最終的な結果として、低線量被ばくに対して「安全派」が半数以上、「危険派」と「判断できない」が全体の4分の1ずつとなっている。「安全派」の理　由は「神経質になりすぎるのは良くない。低線量なら大丈夫。でも絶対とは言えない。」「授業を受けるにつれて大丈夫かなと思った」「検査も除染もちゃんとやってるんだから大丈夫」などを挙げている。「判断できない」立場の者は「科学的に危険とも証明できないけど、目に見えないし不安、判断で

きない」「話し合いの時にみんなの意見を聞いてたら、よくわかんなくなっちゃって」などを、「危険派」は「まだわからないことが多い分野だと知り、未来のために警戒するのは無駄ではないと思った」「わからない場合には、一応危険の方に考えを置いておいた方が良いという事はたしか」などをあげている。

　山本はこれらの結果を受けて、「危険」派に関してはいわゆる「予防原則」のようなシンプルな論理構造による判断だと分析している。一方で、「安全派」「判断できない」側の思考は様々であり、彼らなりの当事者としての複雑な感情の吐露であるとしている。専門家らの科学的言説や行政や市民の取り組みへの「信頼」も見られる一方で、生徒同士の話し合いを含め様々な立場の意見を聞いての「混乱」や「揺らぎ」を感じ取っている。また、多くの生徒が「気にして生きるのもよくない」「柏に住み続けるとしたら、安全と思うしかない」などの「楽観」や「諦観」などの悲壮的な覚悟が根拠にもなっている。全体として、生徒達は一連の学習で身に着けた科学的知識や市民らの取り組みをもとに判断していくが、「しかし、最終的に一人一人が地球に生きる当事者として真剣に考えれば考えるほど、科学的、合理的なるものは捨象され、見た目には情緒的ともいえる判断を下さざるを得なかったのではないか」とまとめている。

　最後に、実践終了後に同校で行われた、全校生徒を対象として放射線に関する講演会の様子に関しても紹介したい。そこでは本実践とは別の専門家（伴先生）による講演がなされているが、講演後の感想にて、「伴先生の立場も知りたい」「（伴先生は）放射能は危険なものであるが、それほど気にするものではないと考える人」など、話していた専門家自身の放射線リスクに関する立場を推測している者もいたことが記録されている。

　素人が専門家から情報を得ようとする場面において、このような視点を持ちながら学習を進めていく能力は、科学や医学を含め様々な先端的な知識を一般人が簡単に得られるようになった現代において、非常に重要な能力である。専門家達は多くの場合、科学的知見に基づいて主張しているが、その場合でも彼らは自身の環境や問題意識、立場から完全に自由になり意見を発信することは不可能である。したがって、素人が科学的知見をどう理解しどう判断するかという軸と同時に、その科学的知見がどのような文脈において発信されているかを読み取ることは重要となる。

「専門家自身の放射線リスクに関する立場を推測している」ような感想からは、本実践における、分析学習による知識の会得と総合学習での統合していくプロセスによって、統一的・総合的に全体を見渡す力が育まれていることが分かる。

4．おわりに

　教育学者の三石初雄は原発災害と学校教育との関係について、「原発問題を扱うことは価値選択問題を扱うこと、ひいては地域開発・政治的課題と関わらざるを得ないという事からくる、忌避的傾向がある」ことを指摘している。

　この点に関連し遠山啓は、総合学習を行う上で、平和や公害に関する問題だけでなく、「人間はなぜ生きるか」「人間はなぜ学ぶのか」など、すぐには解答の見いだせない様々な問題を扱うことを推奨している。

　科学的に真理判断がつかない問題の分析学習でも、佐藤実践では「科学的な基礎知識」と「医学的な基礎知識」に分けつつ学習をうまく進め、伊藤実践では総合学習として子ども達の価値判断や意思決定を中心に据えながら原発問題の学習を進めていた。そのどちらのアプローチも取り入れつつ低線量被ばくの問題を扱った山本実践では、価値選択問題として地域開発や政治的課題と関わる原発問題を教材として扱いながら子どもたちが原発災害と向き合っていた。

　本稿「はじめに」で筆者は、近年の科学技術の発展と共に生じた諸課題を挙げつつ情報との向き合い方について焦点を当てた。この問題に対し子安はリスク社会という観点から、「教科書通りの教育ではなく真理観の転換に焦点をあてた教育」を重視した。本稿で見てきた 3 つの教育実践の中でも、最後に紹介した山本の教育実践は、子安の重視した教育の特徴を特に満たし、教育実践として展開出来ている実践だと筆者は考える。様々な側面から科学技術の問題が絡み合う複雑な原発災害という教材を、分析学習による科学的知識の学習、学習者の価値選択・判断を促す総合学習的側面の両面が含んだ実践を行っており、真理観の転換に焦点を当てた教育理論を上手く実践に落とし込めているからである。

　本稿では科学技術を中心とした現代的課題の解決に示唆を与えてくれる子安の理論に注目しつつ、原発災害と向き合った教育実践を整理していく中で、科学的な不確かさと向き合った実践と捉えられる教育実践を検討していった。

　ここで、本稿で展開した論に残された課題から 2 つほど述べておきたい。本稿は、現代社会の科学技術に関する問題を背景に、子安のリスク社会における教育論に注目し、原発災害と向き合った教育実践を遠山啓の分析学習/総合学習という枠組みから検討していった。課題の 1 つは、遠山啓の教育理論と現代の科学技術的問題との関係性の検討についてである。遠山啓の教育理論が、現代社会の諸課題を検討する上でどのような点が、どれほど効果的なのか本稿では明示されていない。しかし、遠山は教育学者でもあり数学者でもあった。さらに、彼の著書には当時の科学技術的が絡む時事問題を視野に入れつつ、数学教育の可能性を探っているものをいくつか存在する。それらが 1 つ目の課題の解決の糸口になると筆者は考えている。課題の 2 つ目は、遠山理論—子安理論—本稿内教育実践の結びつきに関してである。本稿では実践内容の紹介と検討に重点が置かれており、より深い実践と理論の結びつきについて分析が行われていない。この点に関してもさらなる検討が必要であろう。

　最後に本稿の作成を通して見えてきた「原発災害と向き合った教育実践分析」における筆者の展望を記したい。教育実践分析をする上で前提となる各実践内容の奥深さについてである。数々の実践には、教員と子どもたちの筆者には想像のつかないような経験や思いの跡が記されている。さて、そんな原発災害を扱った多くの教育実践研究では「災害を忘れない」「災害後のケア」など、「原発災害」という歴史的な大災害を中心軸に研究を進めていくものが多い。そしてもちろん、そのような観点は研究に置いても教育に置いても非常に重要な観点であろう。一方で原発災害と向き合ってきた数々の実践は、本稿で見てきたように、現代の(およそ原発災害とは関係のない事と捉えられる)諸問題と向き合う上でも多くの示唆を与えてくれる。それほど、原発災害後に積み上げられてきた数々の実践には多くの可能性が含まれている。

　より多くの研究者・実践者によって、多様な観点から「原発災害と向き合った教育実践」の研究がなされることが、多くの教育分野に新たな洞察や展望を与えるきっかけになるだろう。

注
（ 1 ）原発災害と向き合った教育実践記録の対象として、全国の教育現場で毎年作成される教育実践記録のタイトルを体系的に整理した書誌である『日本の教育』
　　（1952〜2022）を手がかりにして、原発災害を扱った教育実践のタイトルに対応し

た本文について見ていった。『日本の教育』第61〜69集、2011〜2019年度に公表された約5400件のタイトルの中から、原発災害と向き合った教育実践記録として、計49件の教育実践記録を取り上げた。また、教育実践記録の本文の資料の収集においては、大森直樹・大橋保明編著『3.11後の教育実践記録　第2巻―原発被災校と3.11受入校―』（アドバンテージサーバー2021）にて収録されている教育実践記録を中心に閲覧し、『3.11後の教育実践記録　第2巻―原発被災校と3.11受入校―』に収録されていない教育実践記録については、『日本の教育』にて公表されている教育実践記録のタイトルをもとに一般財団法人日本教育会館附設教育図書館において本文を閲覧した。

2011年度

1	森川正徳	一関市立花泉中（岩手）	文部科学省からの学習用機器貸出『はかるくん』を借りて放射線量を調べよう
2	片山直人	釜石市立小佐野小（岩手）	つなぐこと
3	糸日谷美奈子	釜石市立釜石東中（岩手）	放射線学習の実践
4	柴口正武	広野町立広野中（福島）	原発事故……
5	藤田美智子	福島市立平野中（福島）	「60キロ圏外まで逃げないと！」
6	天笠敏文	青梅市立藤橋小（東京）	原発事故と放射能のはなし
7	橋口由佳	杉並区立松渓中（東京）	放射線被ばくと学校

2012年度

8	佐藤ゑみ	色麻町立色麻中（宮城）	3・11を忘れずに生きる
9	小松則也	矢巾町立矢巾東小（岩手）	ほうしゃせんのべんきょう
10	大槻知恵子	福島市立蓬莱中（福島）	文科省版『放射線副読本』についての検討と理科の授業における放射線教育の取り組み
11	荒香織	福島県立大笹生養護学校（福島）	震災・原子力災害から考えるインクルーシブ教育
12	深谷拓男	矢吹町立矢吹小（福島）	正義と平和のために　生まれ育った町を誇りに思い！
13	前田文子	郡山市立宮城中（福島）	学校における「放射線教育」の試み
14	荒香織	福島県立大笹生養護学校（福島）	震災・原子力災害から考えるインクルーシブ教育
15	三浦俊彦	福島市立松川小（福島）	放射線教育の実践から
16	荒香織	福島県立大笹生養護学校（福島）	震災・原子力災害から考えるインクルーシブ教育
17	今澤悌	甲府市立新田小（山梨）	「きれいなB町に帰りたい……」
18	佐藤郁夫	福生市立福生第六小（東京）	福島原発事故後の原発学習
19	武高子	目黒区立第九中（東京）	試食会を活用して

2013年度

| 20 | 伊藤弥 | 須賀川市立白江小（福島） | 福島からの震災・原発の授業 |
| 21 | 佐藤雄一 | 伊達市立伊達中（福島） | 原発事故以後の「避難区域」の状況と課 |

			題と福島第一原発事故後の福島における放射線教育のあり方
22	鈴木祐美	南相馬市立鹿島小（福島）	「モンスター」に思いを込めて
23	飯塚裕一	郡山市立柴宮小（福島）	放射線教育の実践
24	山本晴久	千葉県立流山おおたかの森高（千葉）	「コンセンサス会議」の手法を用いた「千葉県柏市における放射能問題」授業実践
25	秋山二三夫	埼玉県立本庄高（埼玉）	震災に向き合った184人の高校生

2014年度

26	深谷拓男	矢吹町立矢吹小（福島）	家庭科を通して見つめさせる「命と絆」の教育
27	阿部弘子	相馬市内の公立小（福島）	ぼくたちの福島……希望、そして未来に向かって！
28	大槻真孝	相馬市立向陽中（福島）	あの日から今まで
29	柴口正武	広野町立広野中（福島）	「原発事故」に向き合う！

2015年度

30	佐藤誠	棚倉町立高野小（福島）	震災・原発事故を見つめなおす社会科教育
31	伊藤弥	須賀川市立白江小（福島）	福島からの震災・原発の授業パート2
32	鶴島孝子	南相馬市立原町第一小（福島）	放射線教育
33	佐藤方信	三島町立三島小（福島）	小学校におけるシイタケ栽培、ダイズ栽培、味噌造りの実践
34	柴口正武	広野町立広野中（福島）	「教材ふたば」の実践から人権を考える
35	坂井聡	いわき市立平第二小（福島）	「フクシマ」における放射線教育の実践

2016年度

36.押部逸哉	福島市立信陵中（福島）	原発事故を伝え、健康と生命を守る放射線教育
37	押部香織	福島市立福島第三小（福島）	はじめての「平和教育」実践リポート
38	柴口正武	浪江町立浪江中（福島）	ふるさとについて知ろう

2017年度

| 39 | 深谷拓男 | 西郷村立熊倉小（福島） | 家庭科を通して見つめさせる福島の「命と絆」の教育 |
| 40 | 三浦俊彦 | 福島市立渡利小（福島） | 放射線教育の実践 |

2018年度

41	宮伸幸	滝沢市立滝沢小（岩手）	卒業式を共に
42	伊藤弥	天栄村立大里小（福島）	福島から避難した児童へのいじめの授業
43	菊池ゆかり	石川町立石川小（福島）	「放射線教育」における人権教育学習の実践
44	渡部秀和	南会津町立田島小（福島）	社会科教育における原発公害についての実践

2019年度

| 45 | 渡邊大子 | 盛岡市立厨川中（岩手） | 災害を自分のこととして考えるために |
| 46 | 日野彰 | 富岡町立富岡第一中学校（福島） | 放射線教育と福島の現状 |

47　今野美保　いわき市立中央台東小（福島）福島県にいる人としての悩みと平和
教育
48　柴口正武　浪江町立なみえ創成中（福島）「ふるさと浪江」を発信
49　永田守　芦屋市立打出浜小（兵庫）　打小の「震災をわすれない」とりくみ

（２）「術」とは、人間が生物の基礎として体得すべきもの。歩行をはじめとして体や手足の合理的な使い方、母国語の習得、体育・技術・図工の練習などが含まれる。学問の土台にも反復練習がある。ここでは感覚の鋭敏さ、神経の機敏さ、筋肉の強靭さが大きな役割を演ずる。「術」は、技術・柔術などという時の「術」で理屈よりも体得すべきものであり、一個の人間として自立しうるために欠くことのできない基盤である。

「学」とは、学問の「学」であり、科学の「学」であり、人類が蓄積してきた広く文化遺産といわれているもののこと。国語・数学・理科・社会などの教科にあたる。

「観」とは、世界観・人生観・歴史観などという時の「観」であり、全体を見渡す広い統一的・総合的な展望であり、すでに獲得した諸々の知識や技術を統一する力のこと。

（３）「トランスサイエンス」とは、「科学に問うことはできるが、科学が答えることができない問題群」としてワインバーグの『Science and Trans-Science』(1974)によって提唱された概念。ワインバーグの論文内では、主に下の４つがトランスサイエンスの特徴としてあげられている。

1. 低線量被爆の生物学的影響
2. 極低頻度事象の発生確率の問題
3. 「工学的判断」の問題
4. 社会科学の問題
5. 「科学的価値」に関する問題

これらの特徴は彼自身によってさらに３つのパターンに分けられており、①②のような答えを導き出すのに現実的でないほど膨大な時間とコストを要するもの、④の科学の対象が複雑で、自然科学で確立された厳格な科学的規範に従って合理化できないもの、⑤の問題そのものが道徳的・美的判断を伴うもの（彼の論文では言及されていないが、③も３つ目のパターンに含まれる）。

トランスサイエンスは、上記の特徴を持つ事象が、科学的に問う（実験を行うことや調査・研究を進めること）は可能だが、問題の性質上、科学的に確立された結論を出すことが難しい属性の科学を表す概念として用いられている。

（４）遠山は「分析-総合」の枠組みで教育を整理し、分析学習による一つ一つの対象精選された学習内容を統一する形態の学習方法として、総合学習を積極的に位置付けている。

「個別科学(分析学習)は現実の一側面をとりだして、それを集中的に研究することを任務とするものである。したがって、それは現実の全面的な把握をはじめから

めざしてはいない。……現実の中に問題をみつけだし、それをはっきりとみすえ、その解決のために各教科で獲得した知識をどのように組み合わせるかを学ぶ場面がどうしても必要になってくる。これが私の言う総合学習である。」遠山啓（1976）「序列主義の克服」

（5）教育実践記録によると、「安全派」の専門家として東京大学准教授の飯本武志氏、「危険派」の専門家としてはNPO法人「高木学校」の瀬川嘉之氏によって講義がなされた。どちらも「安全派」「危険派」の専門家という、科学者にとって単純で定型的な扱いでの講義の依頼であったが、本実践の授業構想を前提の上での講義という形で了承を取ったとされている。

実践記録には、影響を受けた話が具体的に何であったかは記されていないが、概ね以下のような種類の話であったと予想される。

「今年の四月から改訂された食品の放射能規制値、また事故前から日本人が年間数mSvの放射線を浴びていたことを考えれば、個人的には柏市周辺の数値は問題なく、すでに社会問題としてのフェーズに入っていると考えている。……どういう基準を作るかは社会の合意による。」（実践記録内から一部引用）

参考文献一覧

井ノ口貴史（2013）「原発問題の実践を読む」『歴史地理教育』2013年3月号増刊、p11-18

大谷伸治（2019）「『原子力の平和利用』の始原を問いなおす戦後史学—高校『歴史総合』を見据えて—」『弘前大学教育学部紀要　第122号』p37-46

大森直樹・大橋保明編著(2021)『3.11後の教育実践記録　第2巻—原発被災校と3.11受入校—』アドバンテージサーバー

岡田努, 野ヶ山康弘（2019）「福島の放射線教育・復興教育の変遷とその特徴について—2011年～2018年の調査報告—」『日本科学教育学会第43回年会論文集（2019）』p250-251

桐山信一（2020）「反核・平和を視野に入れた文科系学生対象の放射線教育実—福島原発事故の環境影響に対する見方の統計的・質的分析を通して—」『創価大学教育学論集　第72号』p 231 -249

後藤孝也(2020)「放射線教育の現状と課題」『教職課程センター紀要』第五号、p.157-161

小林傳司（2007）『トランス・サイエンスの時代』NTT出版

子安潤、塩崎義明編（2013）『原発を授業する—リスク社会における教育実践—』旬報社

菅原至（2022）「制度としての学校と被災体験の狭間で生きる教師—被災経験に向き合う教育実践に注目して—」.『上智大学研究紀要』第41巻2号p295-304

遠山啓（1972）「民間教育運動の今後の課題」著作集・教育論シリーズ2『教育の自由と統制』

友兼清治編（2017）『遠山啓—行動する数楽者の思想と仕事—』太郎次郎社エディタス

中野英之（2020）「生活科の視点に立った放射線の学習展開」『人間生活文化研究』No30.p92-102

三石（2013）「『高リスク』社会の中で価値選択的課題にどのように向き合うか」『社会科教育研究』No119,p13-23

山口克彦（2018）「福島県における放射線教育の広がり」『日本科学教育学会第42回論文集』p159-160

山本晴久（2012）「社会的合意形成能力を育成する地域問題学習のあり―コンセンサス会議の手法を用いた『放射能汚染と地域』授業実践分析を通して―」

（公教育計画学会会員）

研究ノート

社会保障の意義を考える高等学校公民科の実践的研究
——福祉レジーム論に基づく社会保障に関する教育の実践から

宮崎　三喜男

【論文要旨】

　本研究は、学習指導要領・解説に依拠した授業では公民科において社会保障制度の意義やそれを踏まえた制度の在り方にまで踏み込んだ実践を展開することはできないため、新たな視点としてアンデルセンの福祉レジーム論を活用し、社会保障制度の意義を考察する単元開発を行い、授業を行った実践の意義と課題を明らかにするものである。

　3つの福祉レジーム論（自由主義レジーム、社会民主主義レジーム、保守主義レジーム）を基にし、市場依存型（アメリカ型）、政府依存型（北欧型）、家族依存型（日本型）と置き換え実践することとした。実践の意義として、社会保障の単元を制度論からの展開ではなく、社会保障の意義について考察する学習の事例を提示することができた。

1．問題の所存

　社会保障は国民の関心が高い社会問題であり、国政選挙においても常に争点になる事柄である。しかしながら学校現場において社会保障に関する教育（社会保障の理念、制度、政策、意義、課題などを考える教育）については取り組まれていない。

　厚生労働省は2011年10月から「社会保障の教育推進に関する検討会」（座長：権丈善一慶應義塾大学商学部教授）を開催し、社会保障教育の在り方について検討を重ね、報告書（2014年 7 月18日）を作成した。その中で、「社会保障制度を支える考え方、すなわち理念を教えることが社会保障制度を学ぶ際の大切なことであると考えられる。理念を教えることによって、なぜ社会保障制度が誕生し現在存在するのかを理解することができる。また、社会保障制度の内容を学び正しい事実を身につけることで、

社会保障制度がどのような役割を果たしているのかを理解することができる」[1] と教育現場で社会保障を扱う際には、社会保障の理念・意義を教えることが重要であると述べている。

また2011（平成28）年中央教育審議会（以下、中教審）答申では「主権者教育において重要な役割を担う教科として選挙権年齢の18歳への引き下げに伴い財政や税、社会保障、雇用、労働や金融といった課題への対応にも留意した政治参加、少子高齢化等による地域社会の変化などを踏まえた教育内容の見直しを図ることが必要である」[2] と新科目「公共」の設置の意義を述べる中で、社会保障に関する教育の重要性が明記された。これを踏まえ高等学校学習指導要領解説（平成30年告示）公民編では、新科目「公共」において「少子高齢社会における社会保障の充実・安定化については、疾病や失業、加齢など様々な原因により発生する経済的な不安やリスクを取り除くなどして生活の安定を図り、人間としての生活を保障する社会保障制度の意義や役割を理解できるようにするとともに、我が国の社会保障制度の現状と課題などを、医療、介護、年金などの保険制度において見られる諸課題を通して理解できるようにする」[3]、「政治・経済」において「少子高齢社会における社会保障の充実・安定化、（中略）などについて、取り上げた課題の解決に向けて政治・経済とを関連させて多面的・多角的に考察、構想し、よりよい社会の在り方についての自分の考えを説明、論述すること」[4] と社会保障分野に関する具体例が明示されるなど、今まで以上に社会保障に関する教育の充実が期待されている。

これに沿い、全国の高等学校で社会保障に関する教育の実践が進められてきている。しかしながら社会保障の理念・意義を考察させる実践を対象とし、分析する研究はほとんどない。数少ない中の先行研究として、田中一裕「年金制度改革を事例として『主体的意思決定力の変容をはかる』公民科授業実践」[5] や田鹿紘、宇都宮浩司「新しい公民科目『公共』における社会保障教育の課題と可能性」[6] があるが、いずれも社会保障制度をどのように指導するかの研究にとどまり、社会保障制度自体の在り方や意義を問い、考えるまでに踏み込んだ実践をどう展開するかについての研究はない。

そもそも学習指導要領・解説に依拠した授業では、社会保障制度の「支え合い」という点が強調されすぎており、社会保障制度の負担の在り方を

含め、社会保障の本質的な意義や制度の在り方まで生徒が学びを進められるようには至らないと考える。そこで筆者はかつて公民科の中の「現代社会」[7]において社会保障の意義を考える実践を試みたことがある。

　本稿では、この実践を検証・分析することで、学習指導要領・解説に依拠した授業では社会保障制度の意義やそれを踏まえた制度の在り方にまで踏み込んだ実践を展開することはできないことを明らかにし、生徒が社会保障の理念・意義を理解するためには新たな視点を導入することが不可欠であることを明らかにしたい。

　ここで新たな視点として用いたのがイエスタ・エスピン-アンデルセン（GøstaEsping-Andersen）の福祉レジーム論である。この福祉レジーム論を使うことで、政治体制によって社会保障の意義と制度の在り方を考えることが可能となるからである。つまり、日本の現行の社会保障制度を当然の前提とした制度の表面的理解に留まる学習を乗り越えらえると想定したのである。

2. 高等学校における社会保障に関する教育の現状
　高等学校において社会保障を扱う教科は主に公民科と家庭科になる。筆者はまず社会保障に関する教育の現状を把握するために公民科教員およびに高校生に質問紙による意識調査を行った。

（1）教員向け質問紙調査の概要
・調査時期　2016年 7–9 月
・調査対象　東京都内高等学校及び中高一貫校公民科教員
・調査人数　15名
・回答数（回答率）13名（86.6%）
・調査項目　「生徒は社会保障に興味・関心があるか？」「生徒は社会保障にどの程度理解できていると思うか？」「あなたは社会保障の単元を教えること興味・関心があるか？」について「とてもある」「まあまあある」「どちらともいえない」「あまりない」「ほとんどない」「まったくない」から１つを選択、「社会保障の単元にどのくらい時間をとっているか？」について、「０時間」「１〜２時間」「３〜４時間」「５時間以上」から１つを選択する方法で、さらに社会保障制度の学習内容（社会保障制度の歴史、

社会保障の４つの柱、積立方式と賦課方式、世代間格差など）の９項目
を取り上げ、各項目について「詳しく教える」「ある程度教える」「ふれ
る程度」「ほとんどやらない」から１つを選択する方法で回答を得た。以
下は結果の一部である。

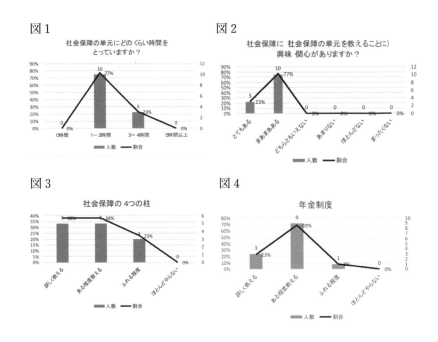

（２）生徒向け質問紙調査の概要
・調査時期　2016年11月
・調査対象　東京都立国際高等学校（全日制国際学科）の生徒
・調査人数　１年生３クラス(108名)、３年生３クラス（110名）
・回答数（回答率）202名（92.6%）
・調査項目　「社会保障に興味・関心がありますか？」について「とて
もある」「まあまあある」「どちらともいえない」「あまりない」「ほとんど
ない」「まったくない」か１つを選択、「賦課方式という言葉を知ってい
るか？」「年金は老後だけでなく、子育てや病気、障がいなど若い世代に
も役に立っていることを知っているか？」「世代間格差という言葉を聞い
たことがあるか？」について、「知っているし説明できる」「なんとなく

知っている」「聞いたことがある程度」「聞いたこともない」から1つを選択する方法で回答を得た。

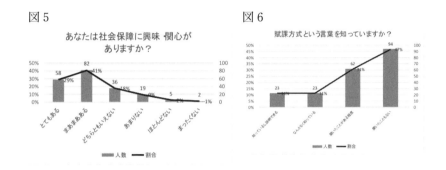

（3）質問紙調査の分析

　教員向け質問紙調査の結果から、社会保障の単元にかけられる時間は少なく、1〜2時間という学校が多いことがわかる（図1）。また「社会保障に（社会保障の単元を教えることに）興味・関心がありますか？」という質問には、「とてもある」と回答した教員が23%、「まあまあある」と回答した教員が77%（図2）、「生徒は社会保障にどの程度理解できていると思うか？」という質問には、「まあまあある」と回答した教員が55%が回答し、また生徒自身も「あなたは社会保障に興味・関心がありますか？」という質問には、70%が「とてもある」「まあまあある」と回答（図5）するなど、教員にとっても生徒にとっても社会保障の単元は興味・関心が高いことがわかる。

　その一方で、「社会保障の4つの柱」（図3）、年金制度（図4）を重点的に教える教員の割合が高く、中でも世代間格差については、「詳しく教える」と回答した教員が23%、「ある程度教える」と回答した教員が46%と、社会保障の制度や用語の説明に重きを置いた授業が行われていることが読み取れる。

　これらの結果から見えてくることは、社会保障に関しては教員や生徒にとって非常に興味・関心が高い単元にも関わらず、社会保障の単元にかけられる時間が少ないこと、またその限られた時間を制度や用語の説

やすことが多く、社会保障制度の意義を考察する時間が取れていないことである一方で、社会保障制度の課題、特に世代間格差の問題については、多くの教員が授業で取り扱うことが多く、つまり社会保障の意義や制度の基本的な在り方を指導しないまま、世代間格差等の課題を考える授業が多く行われていることがわかる。

　その結果として、「報道では、お年寄りは今まで負担してきたのだから、もらえる給付も変わらないと言われていて、変わらないから私たちにも保険料とか税金とかをきちんと納めなさいと教えられています」「働ける人は働いてもらうようにしていかないと、現役世代だけがさらに負担が増えていって、別の社会問題を引き起こすことになるかもしれないので、皆で財源を確保する必要がある」といった高校生の発言になっているのではないかと考える。[8]

　学習指導要領改訂に伴い、探究型の授業が今後増えていくことが予想されるが、社会保障制度の意義や制度の基本的な在り方を理解せず、表面的な課題を探究する授業では、生徒たちに適切な判断力を育成することができない。

3. 社会保障の意義と制度の在り方を考える教育（社会保障に関する教育）

　こうした現状を打開するために、そもそも社会保障の意義や制度の在り方を考える教育を「現代社会」の授業で試みた。この時点ではまだ平成30年改訂の高等学校学習指導要領は告示されてはいなかったが、中教審は平成27年8月26日に「論点整理」を、平成28年8月26日には「審議のまとめ」を公表していたので、新たな科目である「公共」に繋がっていくものであることを意識した授業である。

　生徒たちが考えを深められるようにこの授業で利用したのが、「平成24年版厚生労働白書」（以下、「H24厚労白書」）で援用されているイエスタ・エスピン-アンデルセン（GøstaEsping-Andersen）の福祉レジーム論に依拠した表[9]である。

　アンデルセンの福祉レジームとは、「福祉国家レジーム（体制）」を意味するものである。福祉国家とは、社会保障制度の整備や福祉の充実を目指す国家のことであり、さらに福祉を提供する主要な単位の組み合わせという意味もあり、福祉国家の上位概念であり、「福祉が生産され、それが国

家、市場、家族の間に配分される総合的なあり方」⑽である。したがって、
「福祉レジーム」の相違が、福祉国家の類型を決定する。このアンデルセ
ンの福祉レジーム論では、①自由主義レジーム（アメリカなどのアング
ロ・サクソン諸国）、②社会民主主義レジーム（スウェーデン、デンマー
クなどの北欧諸国）、③保守主義レジーム（ドイツ、フランス）と３つに
整理される。

表　３つの福祉レジームの比較

類型	おもな特徴	所得再分配の規模
自由主義レジーム （アングロサクソン諸国）	市場の役割が大きい	小規模 （小さな政府）
社会民主主義レジーム （北欧諸国）	国家の役割が大きい	大規模 （大きな政府）
保守主義レジーム （大陸ヨーロッパ諸国）	家族・職域の役割が大きい	中〜大規模

（『平成24年版厚生労働白書』84頁より引用）

この福祉レジーム論は社会保障サービスの提供する主体を政府（国家）
のみに着目するのではなく、市場や家族も福祉を生み出す主体であり、
これら３つの主体を、どのように組み合わせていくかという考え方を生
徒に提示できる、つまり、生徒が社会保障の意義や制度の在り方を理解
するのに有効であると考えた。

そこで、上述の『平成24年版厚生労働白書』を参考に、この３つの福
祉レジーム論（自由主義レジーム、社会民主主義レジーム、保守主義レ
ジーム）を基にし、市場依存型（アメリカ型）、政府依存型（北欧型）、家
族依存型（日本型）と置き換えることとした。自由主義レジームは、小
さな国家、リスクに対する個人的責任、市場中心主義を志向しており、
市場依存型（アメリカ型）に、社会民主主義レジームは、社会保障給付
（支出）の水準は高く、負担の水準も高い高福祉・高負担の社会であるた
め政府依存型（北欧型）に置き換えることができる。

日本の現状の福祉システムは、「自由主義レジームと保守主義レジーム
双方の主要要素を均等に組み合わせているが、いまだ発展途上であり、

116

独自のレジームを形成するかどうかについて，アンデルセンは結論を留保している」⑾。その一方で、日本は「少子化対策が進展せず、家族給付が少なかった結果、高齢者向けの社会保障給付が多い点や、戦後に構築された、男性の正規労働者（夫）と専業主婦（妻）というモデルが示すように、性別役割分業の点において家族主義が強く、「家族支援指標」が低い点で、保守主義レジームの要素を持っている」⑿ と位置付ける考え方もあり、本実践ではこれを採用した。

　アンデルセンの類型ではドイツ・フランスといった大陸ヨーロッパの国々とギリシア・イタリアといった南欧諸国とは区別されていないが、フェレーラ（Ferrera）は南欧諸国を家族主義と位置付けた(13)。家族主義の大きな特徴は教会や慈善団体を中心とする共同体的福祉機能が、現代に至っても重要視されていることにある。したがって、『日本は教会や慈善団体の福祉は極めて少ないが、その役割を家庭が担っていると考えられ、そのため家族依存型（日本型）と位置付けられている。

　福祉レジーム論に基づけば、どの立場でも、子どもや高齢者の面倒をみたり、病気を治療したりといった福祉サービスは、何らかの形で確保されており、異なるのは、そのニーズをどこで満たしているかという点でしかない。国民負担が低いアメリカは、市場への依存度が高く（市場依存型）、富裕層であれば豪華な福祉サービスを受けられるものの、生活に余裕がないと何も利用できないことがある。一方、スウェーデンなど北欧の国々（政府依存型）では、政府の役割が大きく、貧富にかかわらず誰もが比較的平等に福祉サービスが受けられるが、国民負担は重くなる。家族依存型である日本は伝統的に家族、特に女性の無償労働に頼むところが大きく、女性の社会進出を妨げてきた。そのかわり租税などの国民負担は比較的低く抑えられてきた歴史がある。逆につまり政府の役割を削って税金を抑えれば、家庭や市場の役割が大きくなることにつながるのであり、社会保障の分担割合は、人々がどんな社会にしたいかを映し出すことにつながる。

４．実践の概要と単元開発——福祉レジーム論に注目した社会保障単元の開発

　対象校は、東京都立国際高等学校（全日制国際学科）であり、対象生徒は１年生３クラス(108名)である。なお本実践は、2016年11月に実施した。

授業は福祉レジーム論を活用し、社会保障の意義や制度の在り方を理解させ、単元のまとめに政策提言を行う授業デザインで、4時間の単元で計画をした。

（1）科目：高等学校公民科「現代社会」

（2）単元名：「社会保障の仕組み」（全4時間）

（3）単元の目標

・福祉レジーム論の視点から社会保障の意義や制度の在り方について考察し、理解を深める。

・見えるベネフィット（便益）とコスト（費用）、見えないベネフィットとコストの観点から保険の考えを理解するとともに、支え合いなど共助の視点を理解する。

・福祉レジーム論を活用し、望ましい社会保障制度や社会保障政策について政策提言を行う。

（4）授業内容

（第1次）

　「あなたが考える社会保障制度とは、どの位置に存在するだろうか」と発問をし、生徒は自らが思う場所に印をつける。次に「社会保障費や租税を低負担に抑えた『低負担・高サービスの社会』を選択した場合、福祉のニーズはどこで補うのであろうか？」と発問し、福祉サービスがどこで負担されているかについて考察する。そののち、社会保障制度の意義や制度の在り方について、社会保障制度の歴史を参考にして、グループで議論を行う。

（第2次）

　自由主義レジーム、社会民主主義レジーム、保守主義レジームという3つの福祉レジーム論の説明を受けた後、提示された福祉レジーム論を基にした市場依存型（アメリカ型）、政府依存型（北欧型）、家族依存型（日本型）といった福祉サービスの量を模式的に表した図に基づき、生徒に「自らはどの立場に近いか」について個人およびグループで考察し、その後、理由も含めて発表し、共有を図る。

（第3次）

　年金や医療保険の制度の表面的理解ではなく、それらの意義の考察を通して、社会保障制度が「個人の力だけでは備えることに限界がある

生活上のリスクに対して、幾世代にもわたる社会全体で助け合い、支えようとする仕組み」[14]であることを理解できるようにする。そのために「安心」という見えないベネフィットに視点を置きながら、見えるベネフィット（便益）とコスト（費用）、見えないベネフィットとコストに分類し、年金や保険の意義を支え合いや安心の視点から考察を進める。

（第4次）

単元のまとめとして、「持続可能な社会保障制度にするにはどのような政策が考えられるか」との課題について、社会保障政策に関する政策提案をグループにて考える。その際、第2次で学習した福祉レジーム論および第3次で学習をした保険の意義や支え合いや安心の概念を活用するよう助言する。

学習単元計画表（4時間）

	学習内容	教師の指示・発問	予想される反応・ねらい
第 一 次	社会保障に関するサービスと負担の相関関係	①あなたが考える社会保障制度とは、どの位置 高サービス 低負担 ←＋→ 高負担 低サービス ②社会保障費や租税を低負担に抑えた「低負担高サービスの社会」を選択した場合、福祉のニーズはどこで補うのであろうか？	①高負担・高サービス：サービスが充実するのであれば、高負担であっても我慢できる。 低負担・低サービス：今よりも負担が重くなると生活が大変。 低負担・高サービス：サービスは享受したいが、負担はしたくない。 ②母親、祖母、家族 ※サービスと負担は比例関係にあるため、低負担・高サービスを選択した場合（現行の日本社会）、誰が負担を担っているかについて考察させることをねらいとする。

	学習内容	教師の指示・発問	予想される反応・ねらい
第二次	各国の社会保障障制度と福祉レジーム	①自由主義レジーム、社会民主主義レジーム保守主義レジームとは何か。日本はどのレジームに近いか。 ②社会民主主義レジームを採用している国では、主にどこで福祉のニーズを満たしているのだろうか。 ③日本では、主にどこで福祉のニーズを満たしているのだろうか。	①保守主義レジーム ②租税 ③家庭、女性 ※社会保障の類型（依存すべき提供主体）を考えさせることで、社会保障が果たしている機能は、誰かが負担を担わなければ達成されないものであることに気づかせることをねらいとする。

<figure>

家族依存型　　　　市場依存型　　　　政府依存型

</figure>

	学習内容	教師の指示・発問	予想される反応・ねらい
次		④福祉レジーム論を参考に、今後の日本の社会保障の在り方は、家族依存型、政府依存型、市場依存型のどの型が望ましいと思うか。またそれはどうしてか。	
第三次	保険の概念と社会保障の意義	①保険とはどのような仕組みなのだろうか。 ②保険における見えるベネフィットとコスト ③なぜ保険の制度があるのだろうか。保険がない場合と、保険がある場合では、私たちの生活や社会はどのような違いがあるのだろうか。	①保険料を納めていないと、受給する権利がない。 ②見えるベネフィット：リスク時のリカバリ、見えるコスト：保険料、見えないベネフィット：安心　等 ※保険の意義を支え合いや安心の視点から考察させ、共助の視点が、私たちの生活や社会の安定につながっていることに気づかせることをねらいとする。

第四次	社会保障の意義を踏まえた上での政策提言	①持続可能な社会保障制度にするにはどのような政策が考えられるか。	省略

5. 生徒の感想（授業終了後のレポート）からの分析

　本実践では、生徒が社会保障の類型（依存すべき提供主体）を考え、社会保障が果たしている機能は、誰かが負担を担わなければ達成されないものであることに気づき、そのことを通して社会保障の意義を理解することを単元目標とした。また福祉レジーム論、つまり社会保障制度の意義や制度の在り方を踏まえた上での政策提言を行うことにより、より深く理解できるよう実践を行った。

　そこで授業実践終了後に記述させた生徒のレポートを、①社会保障の意義や制度の在り方についての視点で書かれているもの、②政策についての視点で書かれているもの、③社会保障の意義および意義に基づく政策についての視点で書かれているもの、の3点に分類をし、分析をした。この3点に分類した理由は、実践した授業において第一次から第三次のねらいが①の「社会保障の意義や制度の在り方について」の授業、第四次が②の政策について考察する授業、また③の「社会保障の意義および意義に基づく政策についての視点」は単元全体を総合して考察できているかの基準から設けた。

　授業レポートを読み取ると、例えばイの「国が国民との信頼性や安心を築くこと」やエの「生活の面、所得を再分配できる面」と記載があるように、分類①の「社会保障制度の意義や制度について」深く理解できた生徒も多く見受けられたが、それ以上に多かったのが②の政策についての視点で書かれているものであった。中でもオの「高齢者の定年引上げなど、国民のライフスタイルを変えるような改革」やキの「働ける人には働いてもらう」のように、社会保障の意義や制度に基づかず、社会問題の解決という視点で記述されたレポートが非常に多く見られた。そして本実践の目的である、「社会保障の意義および意義に基づく政策についての視点で書かれているもの」は、ほとんど見受けられなかった。以下は、生徒のレポートからの抜粋である。（下線は筆者）

【社会保障の意義や制度の在り方についての視点で書かれているもの】

　ア　私はこの授業を受けるまで社会保障制度はあって当たり前で、自分のためだけにあるものだと思っていました。しかし社会保障の構造を聞いて、自分のためだけではなく、みんなで万が一のために備えを作っておくことで、困ってしまった誰かほかの人が助けられる素敵な制度だなと思いました。たしかに高齢化が進む日本にとって、若い世代の負担が増えていく問題はあるけれど、私たち一人一人が働き、税や社会保険料を納めることで自分自身や周りの人たちを助けてくれることの方がとても重要なことだと思います。「個人の力では備えることに限界がある生活上のリスクに対して社会全体で支え合う社会を作ることにつながる」という言葉がすごくいいなと思った。

　イ　授業を通して、社会保障制度のおかげで、平等で平和な社会が築かれているのだと感じた。また社会保障制度とともに国の信頼性を高めていくことが必要だと感じた。どんなに良い社会保障制度であっても年金がちゃんと払われるのか確実性がなければ滞納する人も増える一方だと思う。国が国民との信頼性や安心を築くことで、社会保障制度の重要性を再認識する人が増えていくことになると思った。

　ウ　今の日本の社会保障制度の形態は家族依存型ですが、この型のデメリットである「女性の負担が大きい」というのは、私も母を見て、強く感じました。普段は働きながらも、家事をすべて済ませ、週末行う祖母の介護は、労働以上の負担であり、精神的にも大変なものであると思います。それゆえ私はスウェーデンのような政府依存型にするのが望ましいと思います。

　エ　社会保障制度は万能な制度であると感じた。なぜならば生活の面、所得を再分配できる面、経済的な面という様々な面にしっかりと対応して機能しているからである。

【政策についての視点で書かれているもの】
　オ　今回の授業を学び、高齢者の定年引上げなど、国民のライフスタイルを変えるような改革も必要なのかと思った。
　カ　私は少子化をサポートするような社会保障制度と高齢者をサポートするような社会保障制度を強化して、より時代に合った社会保障制度にしていくべきだと思う。

キ　一番印象に残ったことは、「働ける人には働いてもらう」という言葉です。これから少子高齢化が進むと租税や社会保険料を納める側の私たちの負担は当然大きくなる。私には、そのことに対して、どんどん負担が大きくなってしまうという発想しかなかった。「若い人が支えるという定はなく、働ける人が支える」という考え方を聞いて、65歳の定年退職を過ぎても元気そうな人たちを思い浮かべることができた。

ク　社会保障制度についての授業を通して、今までの社会保障制度に対する自分の間違った認識に気付かされ、いかにこの制度が重要であるかということを知りました。私は2歳の時から現在まで気管支ぜんそくを患っており、多い時にはひと冬に10回近く病院に通うことがあります。今回の授業を通して、私に最も関わりの深い医療保険の仕組に本当に感謝したいと思いました。自分がこんなにも社会保障制度の恩恵を受けていたことを知り、この制度を決めた人々の判断がありがたく、この社会保障制度が整っている日本に生まれてこられたことに本当に感謝したいという気持ちになりました。

【社会保障の意義および意義に基づく政策についての視点で書かれているもの】

ケ　社会保障制度について、社会保険や公的扶助のような大まかなことしか知りませんでした。それなのに、今後の社会保障制度を、少子高齢化の進展による社会保険料の負担の増加から、とても悲観的に考えていました。今回の授業を通して、国が高齢者の雇用環境や女性が今まで以上に働きやすい環境を作る政策を進めているとの話を学び、目に見える負担だけで考えてはいけないと感じた。

6．おわりに

現状の公民科の授業では、社会保障の既存の制度や用語の説明に費やすことが多く、近年、推奨されている探究型の授業においても社会保障制度の意義を理解せず、表面的な課題を探究する実践が多い。具体的には、社会保障の単元では「高負担・高福祉」、「低負担・低福祉」のように考え方を対比して扱うことが多いが、仮に「低負担・低福祉」の社会を選択した場合の福祉のニーズはいったい誰が担うのという議論を行わないなど、社

会保障制度の意義を踏まえない実践では、正しい判断力を育むことができない。そこで本稿では、公民科の授業実践を通し、福祉レジーム論の視点から社会保障制度の意義を考察する単元開発を行った。その意義として、社会保障の単元を現状の制度論からの展開ではなく、社会保障の意義や制度の在り方について考察する学習の事例を提示することができたことがあげられる。

　一方、本実践では、社会保障の意義に力点を置いた学びの構造になっているが、社会保障の意義や制度の在り方を正しく理解できるだけでは、現実の社会保障の諸問題を解決する能力を育成するには至らなかった。具体的には、授業実践終了後に記述させた生徒のレポートには、社会保障の意義や制度の在り方を理解することはできたものの、それを基に現実の社会保障の諸問題を解決するような提案が書かれたものがほとんど見られなかったことがあげられる。この理由としては、現実の社会保障の諸問題を解決するには、財源や法制度、または労働や子育てといった国民生活と社会保障制度の意義や制度とを総合的に組合せ考察することが必要なのに対し、本実践では社会保障制度の意義や制度のみに着目したため、生徒が社会保障制度の意義や制度を活用することが出来なかったと考えられる。学習指導要領や教科書の記述では社会保障は社会保障の単元にて、労働は労働の単元にて、財源は租税・財政の単元でそれぞれ学ぶことになっており、つまり学習指導要領および教科書の記述のみでは、現実の社会保障の諸問題を解決する能力を育むことが出来ない。

　社会保障の単元において最も重要なことは、社会保障の意義や制度の在り方を正しく理解し、社会全体が支え合っていく共助の考えが私たちの生活と密接に関連づいており、かつ社会の基盤となっていることを理解し、そのうえで制度の在り方を検討することである。しかしながら現実の社会保障の諸問題は重層的に問題が入り組んでおり、その制度の在り方を考察する力を育むためには、金融教育、財政教育、労働問題、少子化問題など、より体系的な社会保障教育の学びの構造が必要である。

　今後は、様々な実践例を集めながら研究・実践を行うことで、さらに研究を深めたい。

　注

124

（1） 厚生労働省 「社会保障の教育推進に関する検討会報告書」平成26年、7頁。

（2） 文部科学省「幼稚園、小学校、中学校、高等学校及び特別支援学校の学習指導要領等の改善及び必要な方策等について（答申）」平成28年、140頁。

（3） 文部科学省「高等学校学習指導要領解説 公民編」平成30年、69頁。

（4） 同141-142頁。

（5） 田中一裕「年金制度改革を事例として『主体的意思決定力の変容をはかる』公民科授業実践」『公民教育研究』NO.18、2010年、97頁。

（6） 田鹿絃、宇都宮浩司「新しい公民科目『公共』における社会保障教育の課題と可能性」九州国際大学教養研究、2020年、16頁。

（7） 平成30年告示の学習指導要領では新科目「公共」が設置され、「現代社会」は廃止された。

（8） 「現役高校生が考える日本の社会保障制度」健康保険 2017年 1 月号、平成29年 19-23頁

（9） 『平成24年版厚生労働白書』の第 4 章「『福祉レジーム』から社会保障・福祉国家を考える」では、「一定の傾向をみていくことは社会保障・福祉国家を考える上で有益である。」との観点からアンデルセンモデルを援用している。78頁。

(10) G・エスピン-アンデルセン 『アンデルセン、福祉を語る』NTT出版、2008年-140頁。

(11) 厚生労働省 『平成24年版厚生労働白書』平成24年、85頁。

(12) 同85頁。

(13) Ferrera 1996、"The Southern Model of Welfare in Social Europe." Journal of European Social Policy、6:17-37頁

(14) 厚生労働省 社会保障教育のテキスト 「社会保障の教育推進に関する検討会報告書－資料編－」平成26年、1 頁。

（公教育計画学会会員・東京都立田園調布高等学校)

連載論稿
教育労働を考える

126

連載論稿：教育労働を考える

「教員の職務」の捉え方の正しさを問う
——給特法成立直後の訓令との齟齬と事務次官通達の趣旨等を手掛かりとして

福山　文子

1. はじめに——教員の職務の捉え方は正しいのだろうか

　2023年5月、永岡文科大臣（当時）は「給特法」の在り方含む教員の働き方改革を中教審に諮問した。諮問に先立ち教員勤務実態調査（令和4年度）の結果が出たが、依然として長時間勤務の教員が多い状況となっている(1)。給特法は、「その法律の建前では教員の超過勤務を無制限とせず歯止めを規定するものであったが、運用実態は勤務時間管理の意識を希薄化し長時間労働（超過勤務）を常態化してきた」と、指摘されるが(2)、ではなぜ長時間労働が常態化されてきたのか。そして、その責任はどこにあり、今後どのように正していけばいいのだろうか。

　文部科学省は、学校や教員の業務の範囲が拡大し続けていることを認めている(3)。このような現状において、同省が職務をどのように捉えているのかを確認し、またその正しさを問うことには、一定の意義があろう。とりわけ文部科学省の教員の職務をめぐる捉え方は、時間外勤務手当を支給しないとする給特法第三条の規定とセットになることで酷く教員を苦しめていると考えられるからである。

　これまで給特法については、「行政解釈と学説との対立、さらには、給特法成立以来、定説を持たぬ学説状況」(4)の中、労基法からみた法的特殊性（例えば、高橋哲(5)）や教員の過労死防止（例えば、嶋﨑量(6)）に関わる論考、関連する判例等にかかわる論考（例えば、萬井(7)）、教員の労働の特殊性をめぐる論考（例えば、赤田圭亮(8)）、そして改正給特法にかかわる論考（例えば、藤川(9)）等、様々な角度から議論が展開されてきている。また、文部科学省が示す労働時間概念の問題性を、「超勤四項目」以外の業務命令は存在しないはずとしながらも、

「超勤四項目」以外の業務を「校務」と位置づけていることの矛盾を指摘している論考もある[10]。しかしながら、文部科学省の「教員の職務」をめぐる捉え方についての論考は、管見の限り見あたらない。

　そこで本稿では、給特法成立直後の訓令（1971年公布、1972年実施）、給特法とこの訓令について各都道府県教育委員会にあてに周知した1971年の事務次官通達、さらには当該訓令が基づいている給特法第七条をめぐる参議院文教委員会の議論等を手掛かりとしながら、文科省の教員の職務をめぐる捉え方の正しさを問うことを目的とする。

2．教員の職務をめぐる捉え方における背理
──訓令との齟齬を確認する

　ここでは、近年の文科省の教員の職務をめぐる捉え方において、背理が随所に認められることを示したうえで、この文科省の捉え方と1972年に実施された訓令との齟齬について論じていく。

（1）文科省の教員の職務についての捉え方

　文科省は、教員の職務について、2006年時点で以下のように説明している[11]。矛盾や背理はないだろうか。

【資料5　教員の職務について】
「職務」は、「校務」のうち職員に与えられて果たすべき任務・担当する役割である（具体的には、児童生徒の教育のほか、教務、生徒指導又は会計等の事務、あるいは時間外勤務としての非常災害時における業務等がある。）。
「校務」とは、学校の仕事全体を指すものであり、学校の仕事全体とは、学校がその目的である教育事業を遂行するため必要とされるすべての仕事であって、その具体的な範囲は、1．教育課程に基づく学習指導などの教育活動に関する面、2．学校の施設設備、教材教具に関する面、3．文書作成処理や人事管理事務や会計事務などの学校の内部事務に関する面、4．教育委員会などの行政機関やPTA、社会教育団体など各種団体との連絡調整などの渉外に関する面等がある。
なお、職務の遂行中又はそれに付随する行為の際の負傷は、公務上

> の災害として補償が行われる。

　先ず、「職務」は、「校務」のうち職員に与えられて果たすべき任務・担当する役割であるとされている。一方「校務」とは、学校の仕事全体を指すものであり、教育事業を遂行するため必要とされるすべての仕事だと言っている。つまり必要とされるすべての仕事である「校務」の中に、「職務ではない」ものが存在するとしているのである。この文科省の捉え方に背理はないだろうか。必要とされるすべての仕事である以上、「校務」の全てを「職務」と認め、予算措置をとるべきではないのか。また、「校務」が「職務ではない」というのであれば、校務を止めさせる責任が文科省にはあるはずであろうし、予算措置も取らず、さらに校務を止めさせる責任も果たさないとしたなら、教員のただ働きの存在を自白したに等しいのではないか。

　さらにこの後、「時間外の場合」についての説明が続く。

> そもそも、教職員は、勤務時間の割振り等により、時間外勤務が生じないようにする必要があり、勤務時間外に業務を命ずる時には、超勤4項目に限定される。―中略―現行制度上では、超勤4項目以外の勤務時間外の業務は、超勤4項目の変更をしない限り、業務内容の内容（ママ）にかかわらず、教員の自発的行為として整理せざるをえない。このため、勤務時間外で超勤4項目に該当しないような教職員の自発的行為に対しては、公費支給はなじまない。また、公務遂行性が無いことから公務災害補償の対象とならないため、別途、必要に応じて事故等に備えた保険が必要。

　ここでは、「時間外勤務が生じないようにする必要があり」の主語がなぜ教職員なのか気になるところである。この書きぶりだと、あたかも教職員自身に、時間外勤務が生じないようにする責任があるかのように誤解されかねない。

　その後に続く「超勤4項目以外の勤務時間外の業務は、超勤4項目の変更をしない限り、業務内容の内容にかかわらず、教員の自発的行為として整理せざるをえない」を見ると、教職員は、時間外勤務が生じないよう

にしなければならないのに、時間外勤務をしてしまったのであるなら、自発的行為、つまり命令がないのに勝手にしたのだと主張している（ように読み取れる）。したがって、お金も出さないし、公務災害補償の対象ともしないと、言っているのである。ここまでくると、単なる背理にとどまらず、意図的に「教職員自身に、時間外勤務が生じないようにする責任があるかのように」誤解させようとしていると言われても仕方がないのではないか。次項では、その辺りを明らかにするために（本当に教職員自身に時間外勤務が生じないようにする責任があるのか否かを確認するために）、関連する規程を見ていく。

（2）「教育職員に対し時間外勤務を命ずる場合に関する規程」

　関連する規程として、給特法成立直後の1972年1月1日より実施された規程（訓令）「教育職員に対し時間外勤務を命ずる場合に関する規程」（昭和四十六（1971）年七月五日文部省訓令第二十八号）（以下、1972訓令）を提示する。この1972訓令は、前述の「時間外の場合」についての説明に反する内容を含んでいる。第一条には、訓令の趣旨が、そして第三条には時間外勤務に関する基本的態度について示されている。以下に転記する[12]。

> 「教育職員に対し時間外勤務を命ずる場合に関する規程」（第一条、第三条の部分のみ抜粋）
> （趣旨）
> 第一条　この訓令は、国立及び公立の義務教育諸学校等の教育職員の給与等に関する特別措置法（昭和四十六年法律第七十七号。以下「法」という。）第七条の規定に基づき、教育職員に対して時間外勤務を命ずる場合に関し必要な事項を定めるものとする。
> （時間外勤務に関する基本的態度）
> 第三条　教育職員については、正規の勤務時間の割振りを適正に行い、原則として時間外勤務は命じないものとする。

　この1972訓令は、第一条の条文から読み取れるように、給特法第七条の規定に基づいたものである。そして、1972訓令の名称からも判断できることだが、同訓令の第三条は、勤務を命ずる側の時間外勤務に関する基本的

態度に関して明記したものであり、正規の勤務時間の割振りを適正に行う主体は、勤務を命ずる側であって教職員ではないことが確認できる。つまり、正規の勤務時間の割り振りを適正に行う責任は、勤務を命ずる側にある。

　もう一度、資料5の「時間外の場合」の説明を見てみよう。「そもそも、教職員は、勤務時間の割振り等により、時間外勤務が生じないようにする必要があり」との記述は、明らかにこの1972訓令と矛盾する。つまり、1972訓令と資料5のとの間には、明確な齟齬を確認することができるだろう。

　なお、1971年7月9日には、事務次官通達（「国立及び公立の義務教育諸学校等の教育職員の給与等に関する特別措置法の施行について（通達）」昭和四六年七月九日・文初財第三七七号文部事務次官 村山松雄）(13) が出されている。その内容は、給特法が「昭和四十六（1971）年五月二十八日法律第七十七号」をもって公布され、翌年の1972年1月1日より施行されること、そしてこの1972訓令をもって「教育職員に対し時間外勤務を命ずる場合に関する規程」が定められ、給特法の施行と同時に実施されることになったこと、また「給特法および訓令の趣旨を徹底するよう」に、各都道府県教育委員会に対して、管下の各市町村関係機関に通知するようにとのものである。さらに、通達の最後の一文は、「なお、勤務時間の割振りを適正に行うためには、労働基準法第三十二条第二項の規定の活用について考慮すること。」である（労働基準法第三十二条 使用者は、労働者に、休憩時間を除き一週間について四十時間を超えて、労働させてはならない。2　使用者は、一週間の各日については、労働者に、休憩時間を除き一日について八時間を超えて、労働させてはならない。筆者補足）。

　このように「勤務を命ずる場合に関し必要な事項」、換言すれば「勤務を命ずる側の責任」を定めた1972訓令は、給特法給特法の施行と同時に実施され、給特法とともにその趣旨が徹底されるよう、各都道府県教育委員会に対して事務次官通達により周知されている。したがって、給特法の施行において極めて重要なものと考えられよう。にも拘わらず、現在の文科省の教員の職務をめぐる捉え方との間に齟齬があることを看過してはならない。併せて、この教員の職務をめぐる捉え方は、勤務を命ずる側の態度と責任について周知しようとした事務次官通達の趣旨、さらには労働基準

法第三十二条の活用を求めるという、この通達の最後の一文にも反していることが確認できるだろう。

さて、1972訓令は、給特法第七条の規定に基づいている。次に、給特法第七条（現行）を見ていこう。

（3）給特法第七条

> （教育職員の業務量の適切な管理等に関する指針の策定等）
> 第七条　文部科学大臣は、教育職員の健康及び福祉の確保を図ることにより学校教育の水準の維持向上に資するため、教育職員が正規の勤務時間及びそれ以外の時間において行う業務の量の適切な管理その他教育職員の服務を監督する教育委員会が教育職員の健康及び福祉の確保を図るために講ずべき措置に関する指針（次項において単に「指針」という。）を定めるものとする。
> 2　文部科学大臣は、指針を定め、又はこれを変更したときは、遅滞なく、これを公表しなければならない。

この条文からは、「教育職員の健康及び福祉の確保」が、「学校教育の水準の維持向上に資する」と捉えられていることが確認できる。そして教育委員会は、学校教育の水準の維持向上のために、教職員の業務量の適切な管理・監督をするものと位置づけられている。さらに、文科省は教育委員会が教職員の業務量の適切な管理・監督をし、教育職員の健康及び福祉の確保を図るための指針を定めなければならないとされていることが分かる。

前述の1972訓令、事務次官通達、そして現行の給特法に従うなら、資料5の「時間外の場合」についての説明は、例えば以下のような書き方がなされるべきではないか。

> そもそも、勤務を命ずる側は、1971年7月9日の事務次官通達で周知した通り、正規の勤務時間の割振りを適正に行わなければならず、そのためには労働基準法第三十二条第二項の規定の活用が求められる。つまり労働者に、休憩時間を除き一週間について四十時間を超えて、労働させてはならないし、一週間の各日については、労働者に、休憩

132

時間を除き一日について八時間を超えて、労働させてはならないのである。このように勤務を命ずる側は、正規の勤務時間の割振りを適正に行い、時間外勤務が生じないようにする必要がある。これは、給特法第七条に書かれている通り、「教育職員の健康及び福祉の確保」が、「学校教育の水準の維持向上に資する」からである。

したがって、もしも超勤4項目以外の勤務時間外の業務が発生した場合、勤務を命ずる側は、業務内容にかかわらず、また教員の自発的行為であるか否かにかかわらず、「学校教育の水準の維持向上」に不可欠な「教育職員の健康及び福祉の確保」のため、勤務時間の割振りを適正に行い、教職員の業務量の適切な管理・監督を行う責任がある。

3．1972訓令の意味と重要性──1950年ごろの教員の権利意識と判例、そして給特法成立前の議論

前節で述べた通り、1972訓令は給特法の施行と同時に実施され、給特法と不可分のものとしてその趣旨が徹底されるよう、各都道府県教育委員会に対して事務次官通達により周知されている。つまり給特法施行時における当該訓令の重要性が指摘できる。ここでは、なぜこの1972訓令がそのように重要なものと位置づけられたのか、その背景を探り、併せてその意味を確認するため、以下の順に論じていく。

先ず給特法の概要と関連する労基法の条文を示し、その後給特法成立以前（1950年ごろ）の教員の権利意識や判例に触れ、さらに給特法成立に向けた文部大臣剱木亨弘の発言等、参議院文教委員会における議論の内容を示す。そして最後に第七条の趣旨と歯止め規定としての役割りを確認する。

（1）給特法（1971年5月成立）

給特法は、「形式上、以下の労基法33条3項を公立学校教員に適用することで『超勤4項目』（校外実習、修学旅行、職員会議、非常災害業務）について三六協定なしに時間外勤務を命じることを認め、それ以外の時間外勤務命令を禁止するという体裁をとっている」[14]。参考までに、労基法第三十三条、第三十六条、そしてその適用除外が大きな問題になった第三十七条を以下に示す。

労基法第三十三条三項
公務のために臨時の必要がある場合においては、第一項の規定にかかわらず、官公署の事業（別表第一に掲げる事業を除く。）に従事する国家公務員及び地方公務員については、第三十二条から前条まで若しくは第四十条の労働時間を延長し、又は第三十五条の休日に労働させることができる。

労基法第三十六条一項
使用者は、当該事業場に、労働者の過半数で組織する労働組合がある場合においてはその労働組合、労働者の過半数で組織する労働組合がない場合においては労働者の過半数を代表する者との書面による協定をし、厚生労働省令で定めるところによりこれを行政官庁に届け出た場合においては、第三十二条から第三十二条の五まで若しくは第四十条の労働時間（以下この条において「労働時間」という。）又は前条の休日（以下この条において「休日」という。）に関する規定にかかわらず、その協定で定めるところによつて労働時間を延長し、又は休日に労働させることができる。

労基法第三十七条一項（一部抜粋）
使用者が、第三十三条又は前条第一項の規定により労働時間を延長し、又は休日に労働させた場合においては、その時間又はその日の労働については、通常の労働時間又は労働日の賃金の計算額の二割五分以上五割以下の範囲内でそれぞれ政令で定める率以上の率で計算した割増賃金を支払わなければならない。

　そして、給特法には以下の条文がある。この第三条二項が、「定額働かせ放題法」と揶揄される条文である。

第三条　教育職員（校長、副校長及び教頭を除く。以下この条において同じ。）には、その者の給料月額の百分の四に相当する額を基準として、条例で定めるところにより、教職調整額を支給しなければならない。

> 2 教育職員については、時間外勤務手当及び休日勤務手当は、支給しない。

　次に、この法律がなぜ制定されたのかを理解するために、1950年代にさかのぼる。

（2）1950年ごろの教員の権利意識と判例

　1948年の公務員の給与制度改革により、1週間の拘束時間の長短に応じた給与を支給することとなった。教員の給与については、勤務の特殊性から1週48時間以上勤務するものとして、一般公務員より一割程度高い俸給が支給されることとなった。併せて、教員に対しては超過勤務手当は支給されないこととされ、文部省では、超過勤務を命じないよう指導してきた。以下に関連する事務次官通達を示す。

> 「教員の勤務時間について」（1949年2月5日発学第46号文部事務次官通達）（抄）[15]
> 三　超過勤務について
> （1）　勤務の態様が区々で学校外で勤務する場合等は学校の長が監督することは実際上困難であるので原則として超過勤務は命じないこと。

　大内（2021）はこの経緯について、「1948年に『官吏俸給令』による給与から職務給を加味した15級制の給与に切り替えられた際に、教員にはその勤務時間を単純に測定することは困難であること等を踏まえて、一般の公務員よりも約1割増額した給与額への切り替えが行われた。この切り替えに伴い、教員に対しては超過勤務手当を支給しないこととする取り扱いがなされた」と説明している[16]。ただし、当時は、教員にも労働基準法の第三十七条（時間外、休日及び深夜の割増賃金）が適されていた。したがって、以下のような超過勤務裁判が各地で起こることになる。

【各地で起こる教員の超過勤務裁判】

　1950年11月京都地裁は、小学校教員が授業の準備や授業に関する書類の整理などを勤務時間外に行ったことに対して「小学校教員の勤務に労基法の超過勤務の概念を認めることはその労働性質と相容れないものではな

い」とし、「違法な超過勤務に対しても割増賃金を支払うべき」とした⁽¹⁷⁾。

（3）参議院文教委員会における給特法成立に向けた議論——文部大臣剱木発言から看取できる超勤問題解決願望、各所から示された労基法適用除外をめぐる危惧、そして歯止め規定の必要性

1964年、人事院は、「現行制度のもとに立つかぎり、正規の時間外勤務に対しては、これに応ずる超過勤務手当を支給する措置が講ぜられるべきは当然であるが、他方、この問題は、教員の勤務時間についての現行制度が適当であるかどうかの根本にもつながることに鑑み、関係諸制度改正の要否についてはこの点をも考慮しつつ、さらに慎重に検討する必要がある」と指摘する。1965年、文部大臣と人事院総裁が会談し実態調査が行われ（1966年4月から1967年4月）当時の月あたりの教員の平均残業時間は「8時間」だったことから、8時間の残業手当に相当する額として4パーセントという数字が算出され、給特法の教職調整額の根拠となる。しかしこの時給特法はまだ成立していない。その頃労基法第三十七条についてどのような議論があったのか。1967年の参議院文教委員会での日本社会党（当時）鈴木力の質問に対する文部大臣剱木の答弁を示したい。

① 文部大臣剱木の発言（1967年）⁽¹⁸⁾

第56回国会　参議院　文教委員会　閉会後第1号　昭和42年9月4日（1967年）
135　鈴木力（当時参議院議員：所属は日本社会党）
○鈴木力君　なお、大臣のおっしゃる、いわゆる教育職員としての職務に見合う賃金、こういう考え方からいたしますと、いろんな点が配慮されると思いますけれども、そのうちに何か気にかかることがたくさんあるのであります。それについて若干伺いたいのです。それは超過勤務手当。これは大臣、いろいろな新聞等を拝見をいたしますと、ある場合には超過勤務手当制度をつくろう、つくるという方向に話されておる。ある場合には、元来はつくるべきでないというような談話も出されておるわけであります。私は、はっきりしてもらいたいのは、この前から文部省で教育職員の勤務の実態調査をなさっていらっしゃる。あの勤務の実態調査をなさるときには、超勤手当を支給する

という方向で調査するというお答えをたぶんちょうだいしているはずです。それからまた、いま人事院の総裁からも御答弁がありましたように、超過勤務の事実があった場合には、これは支払うのが当然である。三十九年にも、そういう意見も出されておる。したがって、今日の段階で文部省は超過勤務についてはどう扱うべきものか、伺いたいと思います。

136　剣木亨弘（文部大臣）

○国務大臣（剣木亨弘君）　しばしば、去る国会におきましても、私は教員の勤務の実態調査をいたしましたのは、その調査に基づきまして超過勤務問題を解決するというためにやったのだということを申し上げたわけです。四十三年度の予算編成にあたりましては、この問題を必ず解決するということを国会でもお約束してまいりました。ただ、私が申し上げておりますのは、超過勤務を解決するというのは、超過勤務を支給する形にするか、あるいは勤務の態様において、私は先ほど申しましたかねての希望でございますように、そういう超過勤務というものを考えないで済むような教員の給与体系というものができるかどうか、その二つのうちだと思います。そういう、もし超過勤務を考えないで済むような特殊の給与体系ができますれば、その際はこれはもちろん超過勤務というのを考えないでいくべきではなかろうか。ただし、現段階におきまして、もしそれができないならば、そのできるまでの暫定においては、超過勤務というものを現行のもとにおいては考えなければいけないのじゃないかという考え方を持っておりますが、ただいまその両者につきまして、私どもとしては、四十三年度の予算編成を終わるまでにはそれを解決をしてまいりたいと思っております。（下線、筆者）

　なんとも歯切れの悪い文部大臣剣木の答弁であるが、「かねての希望」という言葉から理解できるように、文部省は少なくとも1967年以前から、「超過勤務というものを考えないで済むような教員の給与体系」を（換言すれば「定額働かせ放題法」の基盤を）「超過勤務問題を解決」するという名目で、調査結果等を利用しつつ整えようとしていたことがわかる。背景には、前述したように、当時教員にも労基法の第三十七条（時間外、休

日及び深夜の割増賃金）が適用され、超勤裁判で負け（続け）ていた現実
があろう。

一方、日本社会党の鈴木力議員の発言からは、当時教育職員としての職
務に見合う賃金、特に超過勤務手当に関心が高まっていた様子が見て取れ
る。さらに、「超勤手当を支給するという方向で調査するというお答えを
たぶんちょうだいしているはず」「いま人事院の総裁からも御答弁があり
ましたように、超過勤務の事実があった場合には、これは支払うのが当然
である」という言葉からは、文部省が超勤手当を支給する方向で教育職員
の勤務の実態調査をすると答弁していたことや、人事院が1967年時点で教
員に超過勤務の事実があった場合には支払うべきとの立場をとっていたこ
とが分かる。

②その後の参議院文教員会の議論から（1971年）[19]
【参議院文教員会（1971年4月28日）】

この日の委員会では、労基法第三十七条の適用除外（つまり、時間外勤
務に対する割増賃金の支払いを義務づけた条文の適用をしないことであり、
給特法第三条の規定がこれにあたる）が、いい先生を集めたいという立法
の目的（給特法の目的について、坂田道太文部大臣（当時）は、「教職者
にすぐれた人材を確保することは極めて必要」「（そのために）相当思い切
った待遇改善措置をする」と述べている[20]）と、どのように関連するの
かが問われた。発言を一部抜粋する。

> 有島委員：私が伺いたいのはいい先生を教育界に集めたい、そしてそ
> の先生方に十分仕事をしていただきたい。雑務を除外してほんとうに
> 教育に専念してもらいたいということと、三十六条、三十七条（労基
> 法の第三十六条と第三十七条のこと、筆者補足）を除外しなければど
> うしてもいい先生が集まらない、また三十六条、三十七条を除外しな
> ければ先生は雑務に追われてかなわないという何か論理的な筋合いが
> あるのかないのか、その辺を伺いたいわけなんです。
> 宮地政府委員（文部省初等中等教育局長）：現在の三十七条の規定を
> 適用すれば絶対によい先生が集まらないというほど、それほど直接に、
> ストレートに因果関係があるものではなかろうと思います。しかし本

> 来先生には三十七条規定はなじまないんだということで、三十七条規
> 定をはずしたということでございます。

【参議院文教員会（1971年 5 月18日）】⁽²¹⁾
　翌月別日の参議院文教員会でも、第三十七条の適用除外に関する議論は
続く。そのなさか、千葉千代世委員から 2 月に開催された労働基準審議
会に関する質問が出される。それに応じた中央労働基準審議会会長代理樋
口弘其の応答を以下に記す。

> 089　樋口弘其
> ○参考人（樋口弘其君）ご存じのことかと思いますが、建議の内容に
> ついては「労働基準法が他の法律によって安易にその適用が除外され
> るようなことは適当でないので、そのような場合においては、労働大
> 臣は、本審議会の意向をきくよう努められたい。」、これが第一項目で
> ございます。それから第二項目は「文部大臣が人事院と協議して超過
> 勤務を命じうる場合を定めるときは、命じうる職務の内容及びその限
> 度について関係労働者の意向が反映されるよう適切な措置がとられる
> よう努められたい。」、この二つでございます。
> 109　樋口弘其
> ○参考人（樋口弘其君）わかりました。基準審議会といたしまして
> は、人事院の申し出がありまして、その人事院の申し出に基づいてい
> ろいろ検討を重ね、かつ法案化の過程においては、文部省の原案が出
> たときにこれを審議会に報告を求めてそこで質疑をし、かつその質疑
> の結果に基づいて建議して、その建議の主たる内容は、この法案の御
> 存じのように第七条の後半に「この場合においては、教育職員の健康
> と福祉を害することとならないよう勤務の実情について充分な配慮が
> されなければならない。」と、こういう部分の追加の字句を挿入する
> ことによって法案に影響を及ぼしていると考えております。かつそれ
> だけでなくって、この部分についてさらに労働省と文部省との間にお
> いて覚え書きをつくって、その覚え書きにおいてこれを補足、確認す
> ると、こういう非常に慎重な、しかも法案に対して建議が効果あるよ
> うな態度を十分とっていると、こういうふうに理解しているわけであ

ります。

119　樋口弘其

○参考人（樋口弘其君）ただいまの御質問にありましたように、<u>適用除外によって無定量、無制限の超過勤務が行なわれるとか、そういうようなことがないようにしたいというのがこの建議の趣旨でございますから、したがって、今後国会審議の段階において、たとえば具体的に先ほども申し上げました第七条の条文の追加事項がどのように生かされるか、あるいはこれは将来の問題として、この具体的な運用がどのように行なわれるかということを審議会として引き続き見ていきたい</u>－以下省略－。（下線強調、筆者）

また、以下の永野と佐藤のやりとりからは、永野が憲法第二十七条に関わる懸念を示したことに対して、政府委員である佐藤が、「ブレーキが二つついている」「至れり尽せりの立法」と応答していることを、ここに確認しておきたい。そしてこのブレーキのひとつが給特法第七条である。

313　永野鎮雄

○永野鎮雄君（自由民主党）労基法三十七条を適用除外する、こういう柱を立てることと、憲法の二十七条の精神と申しますか、「賃金、就業時間、休息その他の勤労条件に関する基準は、法律でこれを定める。」と憲法でうたったことはよほど重要なことであるという趣旨だと受けとめているわけですが、その憲法の立場をどういうふうに理解をされますか。

314　佐藤達夫

○政府委員（佐藤達夫君）これは申すまでもありません。－中略－そこは憲法の要請に従う。－中略－さらに念には念を入れよというわけで、先ほど触れましたように、現行法制上は行政措置要求という強力なる道が一つあります。さらにその上に超過勤務を命ずる場合について、文部大臣が人事院と協議して基準をおきめになる。ブレーキが二つついている。その点では一応至れり尽せりの立法ではないかと私どもは考えております。

　1971年4月28日、および年5月18日の参議院文教員会の議論からは、給特法が、「いい先生を教育界に集めたい、そしてその先生方に十分仕事をしていただきたい」と立法されたことや、文部省が「本来先生には三十七条規定はなじまないんだということで、三十七条規定をはずした」ことが分かる。またこの第三十七条適用除外については、中央労働基準審議会が、労働基準法が他の法律（ここでは給特法を指す。筆者補足）によって安易にその適用が除外されるようなことは適当でないと認識していたことや、第七条の後半に「この場合においては、教育職員の健康と福祉を害することとならないよう勤務の実情について充分な配慮がされなければならない。」と、追加の字句を挿入することによって法案に影響を及ぼそうとしていたことが見て取れる。そして何より、中央労働基準審議会の建議の趣旨が、「（労基法第三十七条）適用除外によって無定量、無制限の超過勤務が行なわれるとか、そういうようなことがないようにしたい」ことであったことを、ここで確認しておきたい。中央労働基準審議会は第七条に追加の字句を挿入するなどし、第七条を大切にしながら労働者である教員を守ろうとしていたといえよう。

　永野と佐藤のやりとりにおいては、憲法第二十七条に関わる懸念への応答として、第七条がブレーキになり得るとの認識が示されていた。給特法成立に向けた国会の議論からは、あらためて第七条と、それに基づいた1972訓令の意味と重要性が確認できるだろう。

（4）第七条の趣旨と歯止め規定としての役割り[22]

　ここであらためて、歯止め規定としての第七条について要点をまとめておきたい。ちなみに文部省初等中等教育局財務課内教育給与研究会が編集著作の『教育職員の給与特別措置法解説』では、逐条解説第七条の箇所において、以下のように説明している。

・第七条の規定は、「第三条〜第六条の規定により新たに創設された教職調整額という給与制度に対応する勤務時間制度上の<u>特則</u>（下線、筆者）」である（つまり、教職調整額を支払う代わりに時間外勤務手当及び休日勤務手当は支給しないとした条文により、「超過勤務が無制限にわたることがないよう」にとの歯止めとしての特別な規則である。

筆者補足）。

・中央労働基準審議会は、本法（給特法）が結果的には労基法の適用
関係を変更するものであるので、労働省、人事院、文部省等からの報
告を聴取のうえ検討を行い、意見をまとめ労働大臣に建議した（建議
の内容については、前項の樋口弘其の発言を参照のこと。筆者補足）。

・超過勤務に対する基本的態度としては、教育職員の勤務ができるだ
け正規の勤務時間内に行われるように配慮してゆく（ママ）ことが要
求される。

・第七条の規定中においては勤務の実情について充分な配慮がなされ
なければならない旨の文言が挿入されているが、この文言は、中央労
働基準審議会の建議の趣旨を尊重して特に追加されたものである（現
在、第七条からこの文言は削除されている。筆者補足）。

　さらに、第七条逐条解説の後半には、「超過勤務の歯止め措置」という
項目が立てられ、「業務の範囲を限定すること等により、勤務の無定量化
を招くとは考えられないが、ことに時間外勤務は正規の勤務時間の割振り
を適正に行うことを前提として、－中略－これを命ずるにあたっても、健
康および福祉を害しないように考慮しなければならないこととされている
ところであって、この点からも無定量となることは考えられないことであ
る」と記されている（下線、筆者）。

　つまり、教員の健康と福祉を守るために（時間外勤務手を支給しないと
いう）第三条とセットとして示されたのが、この特則の第七条であり、そ
の目的は勤務の無定量化を招かないため（歯止め）であった。当然のこと
ながら、勤務させる側にとって、正規の勤務時間の割振りを適正に行うこ
とは前提であった。そして時間外勤務手当を支給しない以上、教職員の勤
務の実情について充分な配慮をし、健康および福祉を害しないように考慮
し、無定量、無制限の超過勤務をさせないことは勤務させる側の責任と認
識されていたことが分かる。

　そして1972訓令は、この第七条に基づいて定められたからこそ、給特
法とともにその主旨を徹底するように事務次官通達により周知されたので
ある。

4．まとめにかえて

　以上、文科省の職務をめぐる捉え方において、背理が随所に認められることを示し、給特法第七条の規定に基づき定められた1972訓令との齟齬を指摘し、併せて（現行の）給特法第七条には、教育の維持向上のために、教育委員会は教職員の業務量の適切な管理・監督をする義務があること、そして文科省は、そのための指針を定めなければならないとされていることを示した。

　さらに、給特法成立に向けた国会の議論においては、労基法第三十七条適用除外をめぐる危惧が幾度となく示され、中央労働基準審議会が、労働基準法が給特法によって安易にその適用が除外されるようなことは適当でないと認識していたことや、命じる職務の内容及びその限度について関係労働者の意向が反映されるよう適切な措置がとられるよう建議していたことが分かった。また、中央労働基準審議会は、第七条の後半に「この場合においては、教育職員の健康と福祉を害することとならないよう勤務の実情について充分な配慮がされなければならない。」と、追加の字句を挿入することによって法案に影響を及ぼそうとしていたことも分かった。つまり教員の健康と福祉を守るために第三条とセットとして示されたのが、この第七条であり、その目的は勤務の無定量化を招かないためであった。そして教職員の勤務の実情について充分な配慮をし、健康および福祉を害しないように考慮し、無定量、無制限の超過勤務をさせないことは、勤務させる側の責任と認識されていたことが確認できた。

　給特法成立から半世紀を過ぎた今、状況はどうなっているだろうか。中学校教員の約 8 割が、「過労死ライン」の月100時間超の残業をしていると指摘され [23]、未払い残業代が年間 9 千億円と算出されている [24]。勤務の無定量化を招かないための歯止めとしての特則第七条が蔑ろにされてはいないだろうか。勤務させる側の態度は適切で、無定量、無制限の超過勤務をさせない責任が十分果たされているだろうか。さらには、第七条の「学校教育の水準の維持向上に資する」「教育職員の健康及び福祉の確保」との文言が守られているといえるだろうか。

　憲法学者の大島（2021）は、教育を受ける権利について規定している日本国憲法第二十六条に関わり、「教育を受ける均等の機会を実質化するために26条2項は義務教育の無償化を定めたという通説的解釈は、経済的

な条件整備の拡充にのみ力点が置かれすぎていたのではないか」と疑問を呈した上で、「教師の労働状態等の学校環境の改善も、教育に関する条件整備要求権の内容として認められるのでないか」と述べている⁽²⁵⁾。大島が指摘しているように、第二十六条が「全ての国民（とくに子ども）の学習権を実質的に保障」するための条件整備要求権を内容とするものであるなら、無定量、無制限の超過勤務が行なわれることのないようにとの、歯止めの役割を担っている第七条、そして第七条に基づく1972訓令は厳守されなければならないはずである。

　「作業に学校長職印が必要であったため、単に原告が自発的、自主的に作業するのに協力する趣旨で学校長職印を渡したにすぎず、時間外勤務を命ずる意思はなかったものと認められる」「鍋田校長が原告主張の趣旨の言葉を言葉（原告は、鍋田校長から、翌日からの保護者会の準備に遺漏なきようにと命令されたと主張）を述べたことがあったとしても、それは会議を終えるに当たっての単なる訓示にすぎず、時間外労働を命じたものとは到底認められない」、これらは、愛知県下の市立中学校の教員が、違法な時間外勤務を命ぜられたこと等により精神的苦痛を被ったとして行った損害賠償請求が棄却された裁判においてなされた、裁判所の事実認定に基づく判断である⁽²⁶⁾。勤務させる側の態度と責任を曖昧にし、教職員自身に時間外勤務が生じないようにする責任があるとする教員の職務の捉え方は、給特法第三条の規定とセットになることで、様々な場面で教員を苦しめているといえるのではないか。

　第三条の規定とセットになるべきは、教員を守るために示された（第三条の特則として創設された）第七条とそれに基づく1972訓令である。私たちは、第七条が、そしてそれに基づく1972訓令が、勤務させる側の責任を明確にし、教員を守るためのものであることを再確認する必要があろう。そしてその条文と訓令が蔑ろにされている現状を看過してはならないのではないか。さらにその結果もたらされている教員の無定量、無制限の超過勤務が、子どもの学習権を脅かしていることを強く自覚する必要がある。

　給特法は国立大学の附属学校や私立学校では適用されていない（労基法が適用されている）。したがって、給特法を廃止し、公立の教員にも労基法を適用すればいいとの意見には強く首肯するところである。しかし

廃止の議論と併せて、本来教員を守るために示された条文とそれに基づく訓令を蔑ろにしてきた姿勢、更に言えば、教職員の責任へといつの間にか転嫁し、守るどころか搾取類似の状況に陥らせた責任は重く、問われるべきではないのか。この点、文科省に猛省を求めたい。

　文科省の、教員の職務の捉え方を、所与のものとしてはならない。教職員の勤務の実情について充分な配慮をし、健康および福祉を害しないように考慮し、無定量、無制限の超過勤務をさせないことは勤務させる側の責任である。現在の教員の職務の捉え方は、1972訓令、1971年の事務次官通達、そして現行の給特法に従い適切な修正を行い、本来の、教員を守る立場に立ち返るべきと考える。

　注
（1）2023年4月28日に、教員勤務実態調査（令和4年度）【速報値】が出ている。前回調査（平成28年度）と比較して、平日・土日ともに、全ての職種において在校等時間が減少したものの、依然として長時間勤務の教師が多い状況となっている。https://www.mext.go.jp/content/20230428-mxt_zaimu01-000029160_1.pdf　2023年12月17日取得。
（2）小川正人「教職員に関する法律法律概説」荒牧重人・小川正人・窪田眞二・西原博史編『教育関係法』日本評論社、2015、p.448。
（3）文部科学省「平成29年10月20日　学校における働き方改革特別部会　資料3」より。資料3＜ver171018業務の役割分担・適正化＞（mext.go.jp）2024年2月20日取得。
（4）高橋哲『聖職と労働のあいだ―「教員の働き方改革」への法理論』岩波書店、2022、p.164。
（5）髙橋哲「公立学校教員の労働時間概念―労働基準法を潜脱する改正給特法の問題」『日本労働研究雑誌』63（5）、労働政策研究・研修機構、2021。髙橋は、一年単位変形労働時間制の導入にあたり前提としている「在校等時間」という概念が「労基法上の労働時間」と異なること、そしてこの概念を用いることで生じ得る矛盾等について指摘している。
（6）嶋﨑量「長時間労働による教員の過労死防止―給特法・上限指針をふまえて」旬報社編『労働法律旬報』No.1956、2020。
（7）萬井隆令「なぜ公立学校教員に残業手当がつかないのか」『日本労働研究雑誌』51（4）、労働政策研究・研修機構、2009。
（8）赤田圭亮「教員の労働は本当に『特殊』なのか？　給特法改正前史四九年を振り返る」『現代思想』48（6）、青土社、2020。
（9）藤川信治「給特法改正は長時間労働解消につながるのか」『現代思想』48（6）、青土社、2020。

(10) 髙橋哲「給特法という法制度とその矛盾」内田良他著『迷走する教員の働き方改革—変形労働時間制を考える』岩波書店、2020、pp.39-42。

(11) 文科省が掲出している「資料5　教員の職務について」より。この資料は、2006年11月10日に開催された、教職員給与の在り方に関するワーキンググループ（第8回）の配付資料である。https://www.mext.go.jp/b_menu/shingi/chukyo/chukyo3/041/siryo/attach/1417145.htm 2023年12月26日取得。

(12) 文部省初等中等教育局財務課内教育給与研究会編著『教育職員の給与特別措置法解説』第一法規出版株式会社、1971、pp.189-190。

(13) 当該通達の全文は、文部省初等中等教育局財務課内教育給与研究会編著、同上、pp.193-203に掲出されている。

(14) 髙橋哲「公立学校教員の労働時間概念—労働基準法を潜脱する改正給特法の問題」独立行政法人労働政策研究・研修機構『日本労働研究雑誌 63（5）』2021、p.19。

(15) 文科省が掲出している「資料1　昭和46年給特法制定の背景及び制定までの経緯について」より。https://www.mext.go.jp/b_menu/shingi/chukyo/chukyo3/042/siryo/attach/1259040.htm　2023年12月26日取得。

(16) 大内裕和「教員の過剰郎度の現状と今後の課題」独立行政法人労働政策研究・研修機構『日本労働研究雑誌 63(5)』2021、p.4。

(17) 赤田圭亮、前掲書、p.148。

(18) 国会会議録検索システムより。https://kokkai.ndl.go.jp/#/detail?minId=105615077X00119670904&current=3　2023年12月30日取得。

(19) この参議院文教員会の議論は、次の資料から引用した。文部省初等中等教育局財務課内教育給与研究会編著、前掲書、p.154。

(20) 文部省初等中等教育局財務課内教育給与研究会編著、同上、pp.68-69。

(21) 国会会議録検索システムより。https://kokkai.ndl.go.jp/#/detail?minId=106515077X01619710518&current=539　2023年12月30日取得。

(22) この部分については、文部省初等中等教育局財務課内教育給与研究会編著、前掲書、pp.126-138において詳述されている。

(23) 内田良「中学校教員の8割が月100時間超の残業　働き方改革『上限規制』の対象外」https://news.yahoo.co.jp/byline/ryouchida/20170428-00070371/ 2023年11月17日取得。

(24) 伊藤財務課長からの発言から（学校における働き方改革特別部会議事録より：平成29年11月28日開催）。「財務課長でございます。清原委員の方から，働き方改革にどのぐらいの予算が必要なのかという御質問と，特に教員の人件費の部分についてお尋ねを頂いたところでございます。—中略—計算でいきますと，国庫負担ベースで，恐らく3,000億円を超えるような金額が必要になってくるのではないか。これは国庫負担分の3分の1でということであり全体はその3倍でございます」（つまり、約9,000億円と考えられる。筆者補足）

(25) 大島佳代子「教育を受ける権利の現状と課題」辻村みよ子編『憲法研究
　　第9号』信山社、2021、pp.131-143。

(26) 大府市事件：名古屋地裁（1999年）『判例タイムズ』1055号、2001、
　　pp.142-171。他にも、「鍋田校長が、原告に対し、『がんさん、頼むぞ。』と
　　述べて帰宅したことはあったが、右は、自発的、自主的に作業をしている
　　原告に対する激励の言葉であり、時間外勤務を命じたものではないことは明
　　らかである」とも述べている。萬井（萬井隆令「なぜ公立学校教員に残業手
　　当がつかないのか」『日本労働研究雑誌』51(4)、労働政策研究・研修機構、
　　2009、pp.52-53）は、この「校長の勤務命令がなく教師が自主的自発的に行
　　ったものだから『労働』とは評価し得ない、という理由で手当請求を棄却し
　　た」判決について、「『自主性、自発性』という言葉に幻惑されたものか、法
　　律概念としての「労働」の捉え方に関して最高裁判決を含め先例をすべて失
　　念するのか、と疑わしめるほどに常軌を逸している」と、痛烈に批判してい
　　る。

(公教育計画学会会員・専修大学)

連載論稿
先人の知恵に学ぶ

連載論稿：先人の知恵に学ぶ

旅する人　宮本常一

中村　文夫

　アサギマダラは旅する稀有な蝶。フジバカマを求めて日本列島を縦断する。
山口県周防大島出身の民俗学者宮本常一（1907-1981）は旅する稀有な研究
者である。日本列島の東西で違う日本人の忘れられた姿を尋ね歩いた。

無文字の社会、再び

　中世以来の村の生活はいわばエネルギー溢れる「無文字」（口頭と記憶）
の世界である。それは明治以降も同様であった。たとえば、宮本常一著作集
8『日本の子供たち』（未来社　1969、〔1957〕）まえがきで、

> 「私の接した多くの人びとは皆内からあふれるエネルギーをもっていた。
> しなびた人に接することは少なかった」。「学者たちは、あるいはジャー
> ナリストたちは、農民を封建的ときめつけ、その生き方が後向だと攻撃

しつづけたが、私の目にはそう映らなかった」。「地主が搾取していると
いうようなことでもチャンと知っている」。

と、西洋由来の時代概念を東洋・日本に当てはめて、取り換え不可能な人生
を拓いてきた先人を尊重せず、「封建的」と切り捨てることを咎めた。平百姓
にとっては文字よりも天候を読み、農作業を会得し、道普請・水路の補修な
どの共同作業や、地域間の交易の道筋を広げることが共に生きる方策であっ
た。漁民にとって子どものころから漁場をおぼえることで「板子一枚下は地
獄」を生き延びる。

　日本の近現代は急激に社会が動いてきた。まず幕末から明治である。年貢
の村請制を担った自然村から行政村への転換などで、従前の知恵を超えた知
識や情報を得て対応する力を必要とした。文字を取り込む必要が出た。そこ
に教育機関の役割が生まれた。親や地域の願いは独り前になることである。
その過程に教育機関がどのように役立ってきたのかは、ひと色ではない。た
とえば江戸時代後期には私的教育機関であった寺子屋が都市部を中心に隆盛
した。それは算術を必須とする店持ちやお触書の文字がわかり年貢等の計算
を必要とする村役人の子どもたちが対象である。村名、国尽くし、受取、送
り状、買入書、借用書、約束などの読み書きである。それぞれの階層や職業
の必要に応じたテキストが用いられていた。社会の寄生階層である武士等は
その子も寄生できるように、日本風に変質した後期儒学を官立の昌平黌や藩
校、学者の私塾で学ばせた。幕末から明治初年には官立、私立とは別に、地
域共同の事業としていわば公立の郷学校（1870年の府県施政順序により番組
小学校などとして拡大）も始まり、三種類の教育機関が並立した。学習方法
もいずれも集団的な学習ではなく、個別教授の形態であった。

　1872年にフランスの学校制度にならって「学制」がはじまり、1900年まで
は授（受）業料、住民の負担金、寄付という「民費」依存で国民の形成が目
指された。民権よりも国権に熱心であったのは明治の為政者であった。国民
になることを人々は求めたわけではなかった。それは日常生活に必要な学び
ではなかったから、学校焼き討ちや不就学による抵抗がおきた。現在、就学
率は高くても不登校児童生徒数は30万人近い。都市中産階級の教育熱心な家
庭の子どもを別にして、近代公教育は必要不可欠のものとは思われていない。
日常の用に役立つ学びが不足しているからだろう。今日、デジタル化社会の

進展の中で文字が軽視され、再び無文字社会が訪れようとしているとも見える。

　宮本が描いた記録中から二点に注目する。一つは地域生活を保障した在地の民主主義のありようである。二つは激変する時代に対処する地域集団のリーダーのありようである。

寄りあい

　著作集10『忘れられた日本人』（未来社　1971、大半は『民話』3 〜24号〔1958〜1960〕）は西日本を中心とする在地の民主主義的な意思決定のあり方が描かれていて秀逸だ。民主的な協議の仕組みは戦後突然、アメリカから輸入されたものばかりではないし、西洋の専売特許でもない。私は奴隷制で栄えた古代ギリシャの直接民主主義を教科書で学んだ覚えがある。が、自分の足元の民主主義の伝統を知らぬままに齢を数えたことは取り返しのきかないことであった。在地での協議と取り決めの遵守は『忘れられた日本人』に収められている「対馬にて」「村の寄りあい」で描かれている。

　対馬では寄りあいで決められたものは「帳箱」にしまわれ、永年保存されてきた。二百年前からの文書も共有財産として保管されている。区長（江戸時代は郷士の下知役）が鍵を保管して、惣代（同じく百姓の肝煎）の立ち合いでないと開けられないのである。宮本は調査のために古文書を拝借したいと依頼したところ、寄りあいの決定は全員一致ですからと、みなの意見を聞くことになり、宮本も寄りあいの席にも出かけた。以下のくだりは引用したことがあるので気に留めた方もいると思う。

　　「村でとりきめを行なう場合には、みんなが納得するまで何日でも話し合う」。「とにかくこうして2日も協議が続けられている。この人たちにとっては夜も昼もない」。「といって3日でたいていのむずかしい話もかたがついたという。気の長い話だが、とにかく無理はしなかった。みんなが納得のいくまで話しあった。だから結論が出ると、それはキチンと守らねばならなかった。話といっても理屈をいうのではない。一つの事柄について自分の知っているかぎりの関係ある事例を挙げていくのである。話が咲くというのはこういうことなのであろう」。

　経験に裏打ちされた話が、人の心をうごかす。ただしある事柄について経験に基づいた事例を持ち寄って協議するには時間がかかる。時間をかけて互いの心にすとんと落ちなければ誰も守るはずもない。対馬だけではなく京都、大坂から西の地域では寄りあいは一般的であるという。日本列島の東西でも、また同一地域内の上中下層でも文化は相違している。年齢階層でも思いはそれぞれ違う。

　次に生活における激震が走ったのは占領軍による昭和の農地解放である。しかし、不在地主に表象された農地の所有と労働の矛盾は戦中にはすでに限界に達していた。農地解放が占領軍政策によって農業の民主化として実施されたのは一面の真実でしかない。既に大半は戦時中に農林省で調査企画されていたものである。その調査には宮本も加わっていた。

一人暗夜に胸に手をおいて

　宮本はいう。

　　「戦時中から農地解放の計画が農林省の方ですすんでおり、解放するとすればどのようにすべきかということで、地主経営などの実態調査も行われていて、私も昭和19年頃から奈良県、大阪府などの地主の実態調査にしたがったことがあり」、「占領軍の農地解放は農林省の中で戦時中に企画されたものが引きつがれたようで、占領軍から発表されたものは、農林省のもとからの案と根本的にはたいしてかわっていないようであった」（文字をもつ伝承者）。

　さて、農地解放はどのように受け止められ、また実施されていったのであろうか。不在地主といっても庄内平野や新潟平野のような大規模な不在地主よりも、小地主が多くいて、その場合の方が深刻であった。宮本は長野県諏訪湖のほとりでの話をとりあげる。

　　「むしろ解放する方が不合理だといえる場合が少なくなかった。わずかばかりの土地をつくっていたのを息子が出征したので、かえって来るまでつくってくれとたのんだのを、そのままとられてしまったというような例が実に多かった。このような場合はともかくとしても、精出してかせ

いで、一、二町を所有するようになり、その手あまり地を解放せねばならぬという場合には、その長い労苦が無視せられた苦痛をいやというほどなめさせられたのである。それだけに小地主と小作の間に問題が多かった。私の知人もそうしたことに手を焼いていたのである」。

　当時、村落には若者宿など世代別や性別の非公式な居場所が多々あった。たとえば隠居の集まりでは、誰が何をしてきたのか、口外しなくても、しっかりと記憶されていた。記憶はいざという場合に効き目のある言葉となる。

　「60歳をすぎた老人が、知人に「人間一人一人をとってみれば、正しいことばかりはしておらん。人間三代の間には必ずわるいことをしているものです。お互いゆずりあうところがなくてはいけぬ」とはなしてくれた」。知人は「そこで今度は農地解放の話しあいの席でみんなが勝手に自己主張をしているとき、「皆さん、ともかく誰もいないところで、たった一人暗夜に胸に手をおいて、私はすこしも悪いことはしておらん、私の親も正しかった、祖父も正しかった、私の家の土地はすこしの不正もなしに手にいれたものだ、とはっきりいいきれる人がありましたら申し出てください」といった。するといままで強く自己主張していた人がみんな口をつぐんでしまった」。

　一人抜け駆けして自分や自分の家のみが栄えることを求めても、それは「長者三代」との言葉にも表れているように長く続くものではない。日本のように小さな風土にあっては、悪行をせねば富貴にはなれない。悪行は続かないのである。「今だけ金だけ自分だけ」が盛んな今日、大切にせねばならないことは地域の世均し。その決め手は、違いがあっても格差なく子どもの力を伸ばす無償の公立学校である。それが子どもの居場所として自分の足で通える範囲にあることである。

在地の指導者「世間師」
　宮本は『忘れられた日本人』ではこうも指摘している。先例に準じた寄りあいでの意思決定だけでは、地域に生きる人々が新しい状況で活路を見出すのは難しい。村外経験のある先達が必要であった。それは必ずしも教育機関

で学問を身につけた人ばかりではなかった。宮本は、村落には意外なほどその若い時代に、奔放な旅をした経験をもった者が多いとみていた。それを村人は「世間師」と呼んだ。世間の様々なことを実体験し、村で困ったことが起きた時に頼りになる人であり、

「明治から大正、昭和の前半にいたる間、どの村にもこのような世間師が少なからずいた。それが、村をあたらしくしていくためのささやかな方向づけをしたことはみのがせない。いずれも自ら進んでそういう役を買って出る。政府や学校が指導したものではなかった」。

宮本が世間師の例として挙げているのは河内国高向村滝畑（現河内長野市）の左近熊太翁である。大阪近郊の村・滝畑で、幕末に目も当てられない「徳川の負けぶり」を見、また彼は西南戦争にも従軍して負傷している。文字を知らない村人は明治政府の新たな政策の中でこづきまわされることになった。当時、各地で問題となった一つは、山林の私有をめぐる争いである。たとえば島崎藤村が『夜明け前』（1929）で描いたのはそのなかで人生を狂わされた木曽路の人々であった。

学制頒布後順次、村々にも学校がつくられた。翁は読み書きを30歳ころまでにならったのである。世間をめぐってきた経験と文字を知っているということで村の渉外役をひきうけることになる。

「さて字をならったおかげで、法律というものも分かり、官有林の払い下げには大へん役にたった。しかし、それまでにはずいぶん金もかかり、払戻してもらう金のない者はみすみす他村へ山を手ばなしてしまった。

こうして明治30年までに何やらわからぬままにすぎてしまった。これはどこの村もおなじことで、字をしらなかったおかげで、みなこづきまわされてきたのである。字と法律ほど大事なものはないように思った。

弁護士はそのころ三百代言といった。法律をたてにとってウソばかりいってみんなからお金をまきあげた。しかし森という弁護士はいろいろのことをおしえてくれた。

30年をすぎてやっと世間のことがわかるようになった。その時は村人はすっかり貧乏になっており、字を知っている者だけが、もうけたり、

　　よいことをしたりしていた」。

　この人物を宮本は次のように評する。「翁は外からのそうしたいろいろの新しい刺激に対してその渉外方を引き受けた。翁自身もそのためにきかぬ気の掛引のつよいところも持ってきた。しかし翁が一文も産をなさなかったように村もまた富みはしなかった」。「それにしてもこの人の一生を見ていると、たしかに時代に対する敏感なものを持っていたし、世の動きに対応して生きようとした努力も大きかった。と同時にこのような時代対応や努力はこの人ばかりでなく、村人にも見られた。それにもかかわらず、その努力の大半が大した効果もあげずに埋没していくのである」。村は余人をもって代えがたい人たちの集まりであり、世間師もそのうちの一つの役割を担ったにすぎない、と私は考える。

　近年、効率重視で過疎化少子化が国策として進められ、その一環として公立学校は統廃合され、広域通信制私立学校が台頭している。実質として民費依存が拡がり、名ばかりの地方教育委員会に新奇の学校運営協議会も加わっている。21世紀になってもこづきまわされた結果、学校を含め社会基盤を失った中山間部の集落では人に代わって熊・猪・猿・鹿が跋扈する。人々は都会の「ウサギ小屋」に追われた。

　農地解放や離島振興法の成立にも関与した宮本常一が足で書いた文字を見ながら、思うのである。言い放しが許されない生活の場、そこでの利害関係の調整をしてきた寄りあいという伝統を再評価し、足元からの集団的な知恵を引き出すことはできないだろうか。寄りあいの力と共に、世間師のような広く世間のしくみも知った在地やローカル組織のリーダーとの両方が現在も必要である、と。

　参照　宮本常一『宮本常一著作集』未来社　現在52巻。畑中章宏『宮本常一』講談社現代新書、2023。中村文夫「わたしたちの学校のために」『ながさき自治研No.85』2022。
　アサギマダラは著者が撮影（2023年9月）。20231212学会編集部用提出原稿
　「Traveler MIYAMOTO Tsuneichi」By NAKAMURA Fumio
（公教育計画学会会員・教育行財政研究所主宰）

書評

中村　文夫編著
『足元からの学校の安全保障
　　——無償化・学校環境・学力・インクルーシブ教育』
　　　　　　　　　　　　　　　　　　大森　直樹

　2022年末に「国家安全保障戦略」が閣議決定された。2027年度までに防衛費をGDPの2％にするため「所要の措置を講ずること」を明記している。本書の「はじめに」において編著者の中村文夫は、「国家の安全保障ではなく、足元からの学校の安全保障が重要」と述べている。「足元からの学校の安全保障」とは何を意味するのだろう。まずは、編著者の中村をふくめて6人の執筆者により書かれた本書の構成を示しておこう。

　　はじめに　中村文夫
　　第一章　　いじめの重大事態対応を例に「学校の危機対応」を問い直す
　　　　　　　住友剛
　　第二章　　「安心・安全」とインクルーシブ教育　一木玲子
　　第三章　　公立学校がなくなり、残った学校もスカスカ　武波謙三
　　第四章　　学校給食の安全保障　中村文夫
　　第五章　　デジタル教育という危機　中村文夫
　　第六章　　「学力の向上」は子どもの安全を保障するのか　佐藤雄哉
　　第七章　　子どもも教員も安心して授業に臨めるか　池田賢市
　　まとめにかえて　中村文夫

　本書を通読すると、そこには大きくわけて二つの焦点があることが見えてくる。その一つ目は、子どもの安心や安全が、何によって脅かされているのかを、具体的かつ根本的に明らかにすることである。
　武波謙三は、子どもたちが自分の足で通える距離にある学校で学ぶことが難しくなっていることを指摘している。人口減少で過疎化が進み学校を統廃合する動きが止まらない。1998年度に37,664校あった小中高は、2022年度に31,265校になり、「子どもたちの最も大切な学習環境」である公立学校が6,399校も廃校になった。通学距離と通学時間からくる健康問題も指摘されており、子どもの安心や安全が損なわれている。
　池田賢市は、学校教育のあり方それ自体を問題にしている。「もっと広く、かつ根本的なところも含めて」検討する必要があるという。その結論は簡

潔だ。学校が子どもたちにとって安心できない場所になっているのは、「将来のための「準備」だと言われながら学習しているから」である。つまり、「今、ここで学んでいる内容自体に意味を見出すのではなく、それが将来の自分の生活保障の条件になっていることに意味がある」と言われているわけである。この状況は子どもにとって「強烈な脅し」となる。「学級のなかは、失敗が許されない雰囲気」にもなる。失敗した子どもは、「あのようになってはならない見本」のように見られ、「排除の力」も働く。実際に、「たとえば特別支援が必要だと言われて、学級から消えていく」ことになる。

　これには次のような意見があることも池田は想定している。「現実的には社会的に必要な基礎的知識はあるのだから、それを子どもたちが身につけていくことは「権利」として重要なはず」という意見である。2つの反証が用意されている。一つは、「その時々の経済情勢（雇用情勢）が必要とするものが基礎学力（の内容）を形成していくことになっているのだから、これさえ知っていればいいという「基礎的知識」はない」ということ。「準備」のための普遍的な基礎的知識はそもそも存在していないという反証である（基礎的知識の相対性）。二つは、「基礎的知識」と言われるものの設定により、「その習得が当たり前のように考えられていくと、その欠如が社会生活を送るうえで不利に働くことになっても、自己責任としてその不利益（能力による差別的処遇）が正当化」されてしまうこと。「準備」のための「基礎的知識」を設定すること自体が、その未習者を差別することにつながるとする反証である（基礎的知識の差別性）。

　戦後教育学は、国が学習指導要領（教育内容の大綱的基準）の法的拘束力を主張することを批判してきたが、それと裏腹の関係で、国が指導助言のための大綱的基準を策定することや（兼子仁）、民主化された地方教育委員会が大綱的基準を策定することを良しとする論を組んできた（海老原治善）。おそらく池田の論は、指導助言文書であっても、民主化された地方教育委員会が策定した文書であっても、おとなたちが「基礎的知識」を決めてしまうことを、「子どもたちにとってはどうなのか」という視点から批判するものになっているのではないか。

　中村は、デジタル教育をとりあげている。中村の分析によれば、2020年に学習指導要領がコード化されたことにより、教科書のデジタル化と、子どもの学習履歴のデジタル化が結びつけられつつあるという。学習指導要領コードとは告示年・学校種・学年・目標・内容等のコード化を意味する。「小学校学習指導要領　理科第6学年B生命・地球（3）生物と環境」であれば、「826032311000000」となる。このコードを管理することで、何をい

158

つどのように教えて、どう学んだのかを、すべての教員と子どもごとに把握することが可能になるという。このシステムのもとでは、相対的なものである基礎的知識が逆らいようのないものとなり、池田の指摘した基礎的知識の差別性はより強められるだろう。

　本書の二つ目の焦点は、子どもの安心や安全をどうしたら確保できるのか、その方策を地域と学校における具体的な実践から明らかにすることである。

　住友剛は、子どもたちのいじめを生み出す環境そのものを改善し、居心地のいい学校をつくる取り組みを、「平和構築」と名付けて提唱している。4つの作業が必要になる。1つは、競争主義的ではない「共創」の教育実践。2つは、「学び」と「遊び」を通じて異なる立場の人々の共存を目指す教育実践。3つは、さまざまな「つらさ」を誰かが訴えたとき、別の誰かが適切に聴き取り、対応する時空間と人間関係の構築。4つは、以上の作業の妨害・負荷となる取り組を除去すること。具体的には、過剰な文書・報告の作成を止め、全国学力テストを廃止することである。これらはいずれも、法改正を行わなくても可能な作業についての提起となっている。

　佐藤雄哉は、1991〜93年度に東京の下町の中学校で行われた教育実践に着目している。子どもたちが「皮から革へ」をテーマにした学習を行った。動物の生体から剥離した皮から革を作り出す工程を学び、実際に革をつくり上げ、文化祭における展示を行った。一人の子どもは皮なめしを「何度もやりたくない」と思ったが、終えてみると「嬉しいとしかいいようが」なかった。一緒に取り組んだ子どもや来場者に、「私なりに、すべてが伝わった」と思ったからだった。この教育実践の土台には次のことがあった。皮革工場の町に住んでいたその子どもは、自分の町のことを悪く言われて「言いかえせ」ず「くやしい思い」をしていた。そのくやしい思いを、胸中に留めるのではなく、仲間や教員に伝えられる教室がつくられていた。教員の岩井春子がどうやってそうした教室をつくりあげたのかについても佐藤は記している。

　一木玲子は、インクルーシブ教育への移行を提起している。インクルーシブ教育には子どもにとっての安心と安全があるからだ。その提起は、実践と法改正を組み合わせたものになっている。まず実践によって見えてくる世界が示される。車いすユーザーの子どもの話が紹介されている。休日のデパートの途中階でエレベーターを待っていても満員で乗れないことが多い。あるとき、途中階で開いたドアの中に同級生が乗っていて、「あ、○○ちゃん、私が下りるから乗って。私はエスカレーターが使えるから」と

声をかけてくれてようやく乗れたという。両親は、「その学校に行っていて良かった。知り合いがいることが、街での自分たちの生活を助けてくれる。学校でエレベーターを一緒に使っているからこそ、このような行動ができるのだろう」と述べていた。　こうした街の風景を全国に広げるためには何が必要なのか。法改正も含めたインクルーシブ教育への移行を進めるためのロードマップ試案が示されている。

中村は、コロナ下で学校給食を無償化する地方自治体が広がった事実に着目している。2022年12月現在、無償は257自治体、一部無償は393自治体、合計650自治体で全自治体の三分の一以上（37.8%）である。地方の自発的な努力を力にして、保護者負担を原則とする学校給食法を改正し、「国・自治体の公費による無償の学校給食制度」を実現するべきとしている。中村の説く学校給食の安全保障とは、子どもたちが「保護者の財布を心配すること」から解放されて、「より安全な食材を使った食事を楽しめる」ようになることを意味している。

本書の全体を通じた読後感も 2 つだけ記しておきたい。まず本書には、教育政策の批判的分析、あるいは、教育実践の重視などの諸点において、戦後教育学を継承している側面があるように思われたことだ。それから本書には、戦後教育学が手をかけながらも十分に咀嚼できなかった課題にも挑戦しているところがあるのではないか。それは、おとなの側からではなくて子どもの側から教育政策と教育実践を検証し、その不合理を是正していく課題である。本書では、明示的あるいは非明示的な様々なやり方で、子どもの言葉と行動への着目が行われていた。子どもの事実から教育政策と教育実践を検証する作業が今こそ求められているのではないか。本書が一人でも多くの読者を得て、広く読まれることを願っている。

（明石書店、2023年3 月刊、本体2000円＋税）

（公教育計画学会会員　東京学芸大学）

渡邊　洋子編著
『医療専門職のための生涯キャリアヒストリー法　働く人生を振り返り、展望する』

住友　剛

　ここ最近の私は、いじめの重大事態や学校事故などへの対応で、たとえば医師・弁護士やカウンセラー・ソーシャルワーカーといった専門職と一緒に仕事をする機会が多い。このため、日頃かかわりを持った専門職がどのような養成教育を受けているのかに、なにかと興味関心を抱いている。その一方で、私は、「学校教育と職業生活との接続」や子ども・若者の「社会的・職業的自立」を目指す観点から近年取り組まれてきた「キャリア教育」にも、なにか物足りなさを感じてきた。そして近年、各都道府県・政令市教育委員会が作成した「教員育成指標」のように、教員養成段階から初任者、中堅、ベテラン、管理職の段階まで視野に入れて、教員の養成・採用・研修を一体化する動きが見られる。このような私の関心や課題意識、教員養成を取り巻く状況などから見て、今回書評を依頼された本書は、たいへん興味深いものである。そのことを先にお断りした上で、本書の概要を紹介する。

　さて、本書は編著者を代表とする「生涯キャリアヒストリー法研究会」の共同研究の成果をまとめたものである。

　この「生涯キャリアヒストリー法」とは、本書「はじめに」（P.3）で、「働く人が自らのキャリアヒストリーを言語化・視覚化し、それを個人あるいは集団で振り返ることにより、今後のキャリアと人生の展望を築く方法」と端的に説明されている。また、この研究会が主に本書をまとめるにあたって対象としたのは医師・看護師などの医療専門職であり、後述するように、特に女性の医療専門職のキャリア形成を中心に共同研究を行ってきた。ちなみにこの共同研究の一環として、「生涯キャリアヒストリー法」を活用した実践のなかには、この研究会が新型コロナウィルス感染症のパンデミック下でオンラインによって行ったワークショップも含まれている（第11章）。医療専門職が最も厳しい状況のなかにおかれているときでも、「生涯キャリアヒストリー法」を活用した実践を行っていたことには驚きともに、敬意を示したい。

　では、具体的に本書の構成と各章のタイトル・執筆者（敬称略）・概要を紹介すると、次のとおりである。

　まず前半の「第1部理論編」は、5つの章で構成される。第1章「専門職のキャリアをめぐる現代的課題Ⅰ」（渡邊洋子）では、サブタイトルに「医師とジェンダー」とあるように、男性を前提として構築され、後に女性が参入することになった「女性参入型」専門職としての医師のキャリア形成に関する諸課題について論じている。第2章「専門職のキャリアをめぐる現代的課題Ⅱ」（池田雅則）では、今度は女性が多数を占める看護職を例として、女性が専門職としてキャリア形成をする際に直面する諸課題について論じている。ここでは新型コロナウィルス感染症のパンデミックが、女性看護職のキャリア形成に与えた影響についても触れられている。

　このあと第3章「生涯にわたるキャリアヒストリーという考え方」（渡邊洋子）では、キャリア形成に関する先行研究の成果を検討しつつ、職業上の経験を個人や家庭での生活など「ライフ」とのかかわりで捉え直すことや、当事者（学習者）の視点から能動的にキャリアをとらえ返す生涯学習的要素を組み込んだ検討方法を構想しようという、この研究会の主たる課題意識がまとめられている。続く第4章「生涯キャリアヒストリー法における省察と省察ツール」（渡邊洋子）は、成人教育学における「省察」概念に関する先行研究を手がかりにして、省察ツールとしての「キーワード記入シート・キーワードマップ」や「私の歩み」シートなどの活用方法を提案している。そして第6章「生涯キャリアヒストリー法の理念と見取り図」（池田雅則）では、「当事者への還元」という観点から、生涯学習の理念をコンセプトとして、この方法を用いた省察の結果を当事者自身がその後のキャリア形成につなげていけるようにという、このグループが「生涯キャリアヒストリー法」に対して込めた願いなどが述べられている。この「生涯学習的要素」という点や「成人教育学」の成果への着目が、編著者らのグループの特徴を感じさせる。

　後半の「第2部実践編」は、6つの章で構成されている。まず第6章「ライフラインチャートを用いた方法の構築」（種村文孝）では、女性医療専門職を対象に「生涯キャリアヒストリー法」を実施する際、「キーワード記入シート・キーワードマップ」「私の歩みシート」などのフォーマットを使って、自分のキャリア形成を一本の線で結ぶ「ライフラインチャート」をつくる手順などを解説している。第7章「生涯キャリアヒストリー法フォーマットの記入方法」（種村文孝）では、この方法を用いた個人ワークを行うときに、たとえば「何が自分の生涯キャリアに影響を与えてきたのか」など、自分のキャリア形成の軸となるものを見出す「自己との対話」にフォーマット記入の意味があることを指摘している。第8章「『生涯キャリア

ヒストリーを聴き合う・語り合う』実践方法」（種村文孝）は、この方法を用いて専門職のグループワークを行う際の手順などを解説したうえで、「まとめ」パートにおける「気づき記入シート」を効果的に用いることの重要性を指摘している。

　一方第9章「フォーカスグループインタビューの実践と考察」（池田雅則・池田法子）では、看護専門学校や医学部の学生の少人数グループを対象に、「生涯キャリアヒストリー法」を用いてインタビューを行った際の成果や課題などについて論じている。ここでは同じ看護専門学校でも「学校文化」のちがいでキャリア形成に与える影響が異なること、大学などで行われるキャリア教育が形式的で面倒に感じられる一方、むしろこの方法を用いたインタビューの方が能動的に参加できたという、専門職を目指す学生の実感などが紹介されている。また、第10章「生涯キャリアヒストリー法の実践の取組経過」（柏木睦月）は、この方法を用いて学会などで取り組んだ3つの参加者公募型のオンライン・ワークショップの実施経過などをまとめている。最後の第11章「生涯キャリアヒストリー法の実践から見えてきたこと」（犬塚典子）では、第10章で紹介したオンライン・ワークショップの参加者の意見・感想などを検討し、この方法が自らのキャリア形成を「客観的に捉え直すことができる」ことや、重要な出来事について「一つの事象でも多面的な視点を持つことができる」こと、そして「他者理解にもつながるので学生やキャリアが短い場合でも効果的」などといった特徴を持つことなどに言及している。

　このほか、本書には各章の内容を補足するものとして、「英国における医師のキャリアに関する動向」（池田法子）、「男性看護師のキャリアに関する研究動向」（柏木睦月）、「19世紀英国の女性医師・女性看護師」（渡邊洋子・池田法子）、「カナダ女性医師協会」（犬塚典子）、「日本にもアテナ・スワンを」（大塚法子）の5つのコラムが掲載されている。また、付録として「生涯キャリアヒストリー法」のフォーマットも添付されている。

　この本書であるが、私が興味深く読んだのは、第2部「実践編」の各章である。この各章を興味深く読んだ背景には、冒頭で述べた私自身の最近の関心や課題意識などがある。以下、私の興味関心に引き付けて、本書第2部の内容から気付かされたことをまとめておきたい。

　たとえば先述の説明にもあるとおり、この「生涯キャリアヒストリー法」という省察ツールは、実は医療専門職だけでなく、教職員を含む他の専門職養成や現職研修などにも応用可能なものと考えられる。第2部各章で具体的に展開された取組を見る限りでは、たとえばベテラン教員や学校事務

職員の長年の勤務経験と結婚・妊娠・出産などのライフイベントなどとのかかわりを、この「生涯キャリアヒストリー法」を活用したグループインタビューを通じて明らかにしていくこともできる。ベテランと中堅・若手との間でお互いに経験の共有がはかられたり、勤務環境の改善点などが見つかったりして、組合活動の活性化につながる一面もあるのではなかろうか。また、各都道府県・政令市の教育委員会が「養成─採用─研修の一体化」という観点から「教員育成指標」を作成する際にも、その土台となる基礎研究が必要であろう。その基礎研究として、この「生涯キャリアヒストリー法」の積極的な活用を行うべきではないかと考える。

　一方、第2部「実践編」では実際に長年医療専門職に従事した人々だけでなく、看護専門学校や医学部の学生など「これから専門職になる」養成段階の人々にも、この「生涯キャリアヒストリー法」を応用して、少人数グループによるインタビューを行っている（第9章）。「生涯キャリアヒストリー法」は、まさに「働く人生を振り返り、展望する」手法である。そうであるがゆえに、「職業に就いてから先」のことも視野に入れるよう、専門職を目指す学生に促す一面もある。また、「職業に就いてから先」のことを考察する際には、職業生活だけでなく、プライベートな生活面で起こりそうな出来事にも目を向けていくことなる。このような点に注目すると、本書で用いられた「生涯キャリアヒストリー法」は、実は工夫次第では、たとえば中等教育や高等教育段階でのキャリア教育にも応用可能ではないか。

　ちなみに本書を読み、私は今のキャリア教育が「学校教育と職業生活との接続」や子ども・若者の「社会的・職業的自立」を目指すことにこだわるあまり、「職業に就いてから先」のことや、結婚・妊娠・出産といったライフイベントとキャリア形成の関係のことまで十分に考慮できていないことに気付かされた。この点でも、書評というかたちで本書を読むことができてよかった。

　まだまだ本書の「書評」というかたちで、私が述べたいことは多々ある。いずれにせよ「医療専門職」という文脈を外して、多様な職種の人々の「生涯キャリアヒストリー法」活用の事例を見てみたい。医療系専門職の養成という切り口だけでなく、さまざまな切り口から本書は読まれるべきであろう。

（明石書店、2023年3月刊、本体2000円＋税）

（公教育計画学会会員・京都精華大学）

濱元　伸彦・中西　広大著
『学校選択制は学校の「切磋琢磨」をもたらしたか
　——大阪市の学校選択制の政策分析から』

元井　一郎

　本書は、タイトルからも理解できるように「学校選択制」、具体的には大阪市で導入・実施された「学校選択制」を対象として、その制度化と結果についての総合的な分析・評価を試みたものである。本書の主たる課題は、書名である『学校選択制は学校の「切磋琢磨」をもたらしたか』に簡潔に表現されているように「学校選択制」という教育政策が本当に学校の「切磋琢磨」を導くことになったのか否かを改めて問い直し、検討しようとする点にある。

　周知のように、学校の「切磋琢磨」とは、1990年代中期以降に「学校選択制」という政策が具体化されていく過程で、既存の学校の改革を実現するための論理として繰り返し主張されてきた政策言説である。その真意は、本書でも簡潔に整理されているように、学校を典型とする教育活動へ「競争原理」や「市場原理」を導入することを通して既存の学校のあり様を変革させようという論理であった。その意味で、新自由主義という経済論理による教育諸制度の再編ということを企図した論理であったといえる。こうした、「競争原理」や「市場原理」による改革論は、1980年代以降の日本の教育政策の基軸となった論理であり、具体的には臨時教育審議会（1984 - 87年）における答申を嚆矢として展開されてきた教育政策の論理であった。さらに言えば、1981年に設置された「第二次臨時行政調査会」から開始される行財政改革を政策目標と設定した行財政改革論、換言すれば、「第二臨調」路線といわれる政策路線や論理を背景とした教育改革論であったと指摘しても間違いではないだろう。指摘するまでもなく、本書が対象としている「学校選択制」は、そうした1980年代から開始される新自由主義的な教育政策の一つの具体策でもあった。「学校選択制」が政策課題として設定され、注目され議論されるは1990年代から2000年代にかけてであった。「学校選択制」を含めた教育政策における新自由主義的な論理の日本における史的展開過程は、本書の序章で簡潔に整理されいるので、是非参観していただきたい。

　さて、本書が対象としている「学校選択制」であるが、政策論として具体化されるのは1990年代中期以降から2000年代にかけてであった。そうしたことを反映して、2000年代には、「学校選択制」をめぐる教育政策論の可否をはじめとして多くの研究が公刊され議論が活発となっていた。しかし、本書が対象と

する大阪市の「学校選択制」の導入実施は、本書で記されている通り1990年代
後半から2000年代にかけての「学校選択制」の実施や賛否に関する議論が一段
落した2014年に唐突に登場し、実行されたものである。その意味から言えば、
大阪市における「学校選択制」の導入は、政策論としては、既に制度化された
「学校選択制」の功罪を踏まえたうえでの検討が要請される状況での政策提案
であった。さらに加えて、本書でも指摘されているように、大阪市における通
学区に関わる教育行政は、1960年代末からの同和教育の実践に関連した「越境
入学防止」の取り組み、さらには2000年代からの教育コミュニティづくりの施
策を基軸に展開されてきた。こうした大阪市における教育行政は、指摘するま
でもなく「学校選択制」とは対立する通学区に関する行政・政策の論理を持っ
ていた。こうした大阪市の教育行政の歴史的な蓄積にもかかわらず、大阪市全
区での「学校選択制」の導入実施が達成されてしまったのである。本書が検討
を付そうとする検討課題の一つがこの点にあるといえるのではないだろうか。
この点は、後述することにしたい。

　ところで、大阪市における「学校選択制」の導入過程については、本書にお
いて丁寧に整理されているので参照していただければと考えるが、誤解を恐れ
ずに指摘すれば、大阪市における「学校選択制」の導入過程は、ポピュリズム
に基づいて実行された結果であったと総括しても間違いはないと考えている。
改めて指摘するまでもなく、橋下徹を中心とする「大阪維新の会」という政党
が2011年の大阪市長選の選挙公約の中に当時の学校教育の現状を打破する点を
記載したことから「学校選択制」の制度化の議論が開始されることになる。本
書に記載されている「学校選択制」の導入過程の整理からも確認できるが、選
挙公約として提示されていた「学校選択制」の論理は、当初は十分に政策論と
して練られていなかったことは改めて注目すべき点である。「学校選択制」の
制度化までの議会での答弁などにおいて「学校選択制」の導入のロジックが変
更され、修正されていったことからもこの点は明白であろう。また、大阪市の
「学校選択制」の実施に関しては、その前提となる三つの条例（「教育行政基本
条例」、「学校活性化条例」、「職員基本条例」）が2012年に可決されていくこと
になる。こうした条例の可決に当たっては、議会においてかなり政治的ネゴシ
エーションが展開されたことは想像に難くないが、「学校選択制」という政策
の制度化は、その実現の過程で極めて政治的論理等が優先され、構築されてき
た点を改めて確認できる事実である。

　本書では、以上のような大阪市の「学校選択制」の導入過程を踏まえて、制
度化された「学校選択制」がどのような結果をもたらしているのか、つまり、
「学校の切磋琢磨」を実現したのかに関する検討を、第2章から第6章にわた

って現状を丁寧に整理しつつ、様々な観点から詳細に展開しているのである。ここに本書の優れた特徴があるといっても過言ではない。第 2 章からの各章では、統計資料など著者達が収集し、集積したデータ等を整理しつつ、エビデンスとして提示しながら、資料が語る事実をわかりやすく整理し論述している。おそらく著者達が資料整理やその内容の検討や確認にかなりの日時を費やしたことが伝わってくるような内実を持った記述でもある。しかも、資料が内包していること以上の内容に関しては、著者達は極めて禁欲的な姿勢を貫徹している。つまり、資料から逸脱するような解釈や論理の飛躍などの記述は一切していない。できる限り資料に即して、事実を丁寧かつ慎重に論じようとしているのである。その意味で、序章や第 1 章と比較して、読み手にとっては、特に私のような浅学な者にとっては読解にかなり忍耐を強いられる記述内容となっている。しかし、事実として確認できた内容を前提とした叙述は、改めて「学校選択制」の現実あるいはその結果について読み手が精確に確認することが可能な論述方法となっている。「学校選択制」という政策が持っている制度的功罪についても、読み手は、客観的に確認し理解することができるような論述方法である。そうした意味でも、「学校選択制」という制度をどのように捉え、理解するのかという点に関わって本書の持っている意義は小さくないと考えている。

　また、評者のように、新自由主義的な教育政策である「学校選択制」などは、はじめから批判、否定されるべき政策論でしかないと考えているものにとっては、本書の第 2 章以降の記述内容には改めて気づかされる点が多々あったといわざるを得ない。過去40有余年の日本の教育政策における新自由主義的な展開を総括するためには、本書のような慎重かつ丁寧な検証と分析が必要なのであると改めて考えさせられた。とりわけ、大阪市における「学校選択制」の導入手順、とりわけ、先述したポピュリズムという政治手法を前提にした政策手法を精確に捉え、根底から批判するためには、制度実態の精確な事実確認とそれを踏まえた分析から開始しなければ、建設的で生産的な議論はできないのではないのだろうか。その意味においても、本書の著者たちの論述姿勢と方法は高く評価されるべきである。

　ところで、著者二人は、本書のあとがきにおいて、それぞれ別の語り口ではあるが、以下のように記している。

　まず、濱元伸彦氏は、次のように述べている。「本書は初め学校選択制に対する批判の書としての構想し執筆を進めたが、ゴール間際になって、若干のトーンの変化があった。…略…　一方で、真っ向から批判すると決めてかかるものではなく、就学制度に関して行政と市民との「対話」こそが重要であると考えるに至り、その「対話」に資する研究成果が重要ではないかとの認識の変化

もあった。」

　また、中西広大氏は、「当初は、学校選択制そのものに違和感を覚え、批判的な立場からこのテーマに取りかかった。しかし研究を進めていくうちに、制度そのものよりも、むしろ導入時に想定されていたものとは異なる選択行動、ならびにそのような行動を引き起こす要因にこそ重要な論点があるのではないかと感じるようになった。学校選択制の検証は、政策的なイデオロギーに基づいてその是非を議論することよりも、実際に起こっている現象に目を向け、その意味と要因を紐解いていくことの方が重要ではないだろうか。」と述べている。

　本書において二人の筆者が、論述において慎重かつ丁寧な姿勢を貫徹している背景の一端を窺うことができる部分である。こうした著者たちの本書作成の方針は、日本の政治状況において頻繁に展開されているポピュリズムを背景とする政策の展開を根底から批判し是正するための方法論の一つである。著者たちが異口同音に述べている議論あるいは「対話」に資する丁寧で精確な事実を明らかにしていく検討分析の努力が重要である点は、改めて確認する必要がある。さらに政策的なイデオロギーを基にした是非の議論ではなく、実際の現実から原因を見出していく方法論に基づく分析と検討の成果こそが、生産的な議論を生み出すものとなるという著者たちの主張は重要な視点である。その意味で、本書における著者たちの丁寧かつ慎重な記述への姿勢と事実に対する精力的な分析と検討は、指摘するまでもなく「学校選択制」の今後の学的深化だけにとどまらず、「学校選択制」に関わる多角的な「対話」を再構築することに資する内容を提示していると指摘できる。なお、著者達は、今後「学校選択制」に関するさらなる検討の深化を考え、構想されているようであるが、是非、続刊を早急に刊行され、成果を公表されることを期待したい。

　繰り返しになるが、本書における著者達の事実に即した分析・検討という方法は、1980年代以降の日本の教育政策論や行政論における新自由主義的な論理を再検討する際に重要な方法論としての意味を持つと評者は考えている。たとえば、本書は「学校選択制」に関わって「学校の切磋琢磨」という政治的言説に着目しているが、学校が「切磋琢磨」することで何がもたらされるのかという議論はこれまでの教育研究において深化追及されてきたのだろうか。なぜ、学校が切磋琢磨する必要があるのか。本来、学校は、子どもたちや地域社会にとって何となく活用される存在であるだけでよいのであって、競争することを通して何かを改善していく必要があるのだろうか。ましてや競争することで子どもたちや地域社会が求める学校へと改善が可能になるのだろうか。さらに言えば、教育において競争それ自身が必要なのだろうかなど、新自由主義の論理

が基底に持つ「競争主義」を教育の営みに導入することへの疑念は尽きない。とはいえ、そうした疑念に対しては、著者達が示しているように政策イデオロギーに基づいてその是非を問うのではなく、教育の営みに持ち込まれている、あるいは内在している「競争主義」の事実を、本書の著者達のような方法論で剔抉していくしかないのではなかろうか。

　いずれにしても、本書は、「学校選択制」の制度化がもたらす結果に関する慎重かつ丁寧な検討を付した書であり、改めて「学校選択制」を検討する際に読まれるべき一書である。さらに、本書における著者たちの慎重で丁寧な叙述方法、さらに加えて研究者としての矜持の持ち方は、これまでそして現在も展開されている新自由主義的な教育政策や行政施策を批判的に検討しようとする者にとっては極めて参考となる方法であることを改めて強調しておきたい。

　なお、本書の目次は以下のとおりである。

序　章　学校選択制と「切磋琢磨」の政策理論
第1章　大阪市の地域的背景と学校選択制の導入過程
第2章　大阪市の学校選択制の現状
　　　　　―学力調査の学校別結果等の公開に着目して
第3章　学校選択制の利用状況と各区の地域的背景の関係
　　　　　―都心回帰による児童生徒数の変化に着目して
第4章　学校・保護者・地域は学校選択制の影響をどのように評価しているか―6区の「現状調査」の結果を総合して
第5章　学力テストの結果を用いた分析
　　　　　―学力テストの結果は学校選択行動とどのような関係にあるか
第6章　大阪市の3つの区における学校選択制の現状
　　　　　―聞き取り・アンケート調査に基づいて
第7章　学校選択制の学校に対する影響とその反応
　　　　　―フィールド調査に基づいて
終　章　学校選択制は学校の「切磋琢磨」をもたらしたのか
　　　　　―地検の総括と提言

　以上のような目次構成であるが、各章は、一つの論文としても整理されているので、著者二人には失礼かとは思うが、興味関心のある章から読まれることもお勧めしたい。是非、一読してほしい本であることを再度強調しておきたい。

（八月書館　2023年5月刊、本体2,000円＋税）

（公教育計画学会会員・四国学院大学）

書評

渡邊　洋子著
『新版　生涯学習時代の成人教育学
——学習者支援へのアドヴォカシー』

山本　詩織

　学習とは、義務ではなく権利である。人間の生存にとって不可欠な手段であると同時に、人間らしく生きるための権利である。さて、現代の日本社会において学習は、日常的で当たり前の営みであるだろうか。特に、「おとな」にとって。

　筆者は、「現在の日本人にとって、学習はまだまだ「特別なこと」とみなされ」（37頁）ており、同時に、学習に対する「良心的無関心」な傾向こそが生涯学習社会への道のりを険しくしている（同頁）ことに問題意識をもつ。そこで本書では、成人教育学という枠組みを用いて、従来、主に欧米を中心に諸外国で展開されてきた理論・実践の成果を整理・検討し、学習支援者のあり方を論考している。なお、2002年に刊行された旧版から、社会状況の変化や内外の研究動向も踏まえ、本「新版」にて大幅なアップデートが加えられている。

　本書は、第1章から第3章までの内容により、日本社会における学習支援者のあり方を検討するための基本情報の整理がなされる。第4章から第6章では成人教育学の基本原理として具体的な論へと進み、最終章では生涯学習社会への展望が述べられる。以下に各章を概観していきたい。

　第1章では、日本社会において①人口減少・少子高齢社会、②経済の停滞と格差の拡大、③超高度情報社会、④男女共同参画と次世代育成という4つから現状と学習課題が指摘される。その上で、成人教育の現代的課題が3点整理された。一方で、日本では現在に至るまで「おとなが学ぶ」ことが「子どもの学習とは違った価値や意味をもつというような考え方や価値観が、あまり共有されてこなかった」という学びの文化土壌が指摘される（68頁）。

　なかでも、戦後日本の教化への深い反省を発端とした「民主主義を学ぶ」ことに対する暗黙の前提への指摘に首肯する。確かに、教育を「教える―教えられる」関係で捉えるのではなく、学習する権利を保障する関係として捉える必要性はあると評者も考える。だが、どうやっておとなの学びを保障するのか。場当たりでは豊かな教育展開が得られるとは考えられない。そこには必ず、専門性が存在するはずである。成人教育者の専門性に光を

当てることは、「民主主義を学ぶ」ことをより現実のものへと具体化する。

　次に読者が抱く疑問はおそらく、子どもとは異なる「おとなの学び」とは何か、であろう。第２章ではまず、「成人」と「成人性」を心理学・教育学的に位置づけ整理する。そして、「おとなの学び」の意味を、学習動機・学習イメージ、二つの学習ニーズ（顕在化したニーズと潜在的学習ニーズ）に着目しながらJ.Mezirowを引用しつつ述べる。成人教育では、「人々に内在する潜在的学習ニーズをどのようにして掘り起こし、顕在化させ、実際の学習活動へとつなげていくことができるのか、その感性と手腕こそが問われている」（101頁）と述べ、学習支援者に重要な示唆を与える。それらを踏まえつつ、Malcom Knowlesが提起した成人学習者としての成人の特徴を日常感覚にそくした形で概説している。

　第３章は、学習援助・支援という観点から、成人教育という枠組みに多面的にアプローチしている。第１章でも触れられている教育と学習の捉え方について、成人の学習概念から紐解かれていく。そして、成人教育では「学ぶ/おしえる（＝学びを援助する）」という同時並行的な事象（118頁）が生じていることが読者に明らかとなる。このような事象であることに鑑みると、成人教育は従来の「学校教育の価値観を否定」し、「学習者主体の教育という点から」再検討しなければならない。

　成人教育者は学びの主人公である学習者を、必要と状況に応じて援助する存在である。そのため、学習者である「おとな」を理解することなしに成人教育という営みは成立しない。筆者は学習者理解として、学びの主人公である「おとな」について解説する。なかでも、学びの阻害要因について言及する際、「忙しくて学習どころではない」という言葉に対して、鋭い問いを投げかける。「なぜ、私たちはこんなに「忙しい」のだろうか？」（124頁）というこの問いには、ハッとさせられる。学びをどう捉えているのか、いかなる障碍を抱えているのか。筆者は問いに対して、「おとなの学び」の意義への無理解・無関心が「おとなの学び」を阻害する要因の一つであると痛烈に指摘する。さらに、多様な「おとなの学び」に対して多様な学習サイクルを構築することの必要性に言及することで、「学習支援者へのアドヴォカシー活動を展開していく必要性」の切実さが読者へと伝わる。

　これまでの記述を土台として、第４章では、成人教育の基本概念と学習/教授理論が整理される。まずは、「成人教育」概念の成立と変遷、背景、成人教育の関連概念について世界的潮流を踏まえて概観する。その後、成人のための学習理論について、蓄積された成人教育研究を踏まえつつ、現代日本にそくして学習タイプA（他者決定型学習）、学習タイプB（自己主導型

学習)、学習タイプC（自己決定・相互変容型学習）、学習タイプI＝E（イン
フォーマル学習/経験学習）の4つへと、成人教育のあり方を整理する。筆
者による日本の生涯学習・社会教育の様々な機会と4つの学習タイプの図
式化は、蓄積された成人教育研究を現代日本の実践と結びつけて理解する
上で非常に貴重な資料であるといえる。

　第5章および第6章では、「学習援助者」に焦点が当てられる。第5章
では、前章にて整理された4つの学習タイプの各々に対応する学習援助者
の役割とそこで重視されるべき諸要素が整理・提示される。続く第6章で
は、「生涯学習時代の成人学習援助者」という観点から成人教育者の仕事に
求められる専門性と課題を、学習プログラムの企画・運営の問題に焦点を
絞って示される。

　最終章では、「生涯学習者として時間と空間と向き合い、自分なりの時
間・空間を構成し続ける姿勢や価値観、スキル、リソースなどの体得」を
日本社会の課題として指摘する（317-318頁）。この課題に対して、「学習者
支援へのアドヴォカシー」の挑戦を続けることの意義を唱え、生涯学習社
会への展望を述べている。

　以上、本書の構成と内容をごく手短に紹介した。紙面の都合上言及する
ことのできなかった興味深い論点は数多い。評者の立場から言えることは、
蓄積された成人教育研究の精緻な読解を通じて成人教育のあり方という主
題を論じた本書は、学習支援の方向性と具体的方途を解明した研究として
評価されるだろう、ということである。また、生涯学習の中核とみなされ
た機関・施設や諸団体関係者のみならず、実質的に「おとなの学び」を支
援し活動してきた実践者たちも、本書の指摘を無視することはできないは
ずである。むしろ、これからの生涯学習社会においては、すべての「おと
なの学び」を支援するものたちが連携し、新たな社会を形成することを志
向しなければならない。

　「「学ぶこと」がだれにとっても、空気を吸うように日常的で自然な営み
になる」（318頁）社会の実現のために、本書は多くのことを学ぶことので
きる良書である。

(明石書店、2023年4月刊、本体3500円＋税)

（公教育計画学会会員・作新学院大学女子短期大学部）

英文摘要

Annual Bulletin of SPEP NO.15
Contemporary Curriculum Issues and Public Education Planning

Foreword   By AIBA Kazuhiko

Special Papers 1 : Overcrowded Curriculum
 —Curriculum Issues (Curriculum Overload Theory, etc.) in Contemporary Japan

Exploring two curriculum overload theories
 — Focus on the nexNational Curriculum Standard (Curriculum Guideline) for elementary and middle schoolsrevision
  By OMORI Naoki

The Logical Structure of Ebihara's "Synthesis Learning" theory and Its Potential
  By MOTOI Ichiro

Symposium of the fifteenth Conference

Purpose of the Symposium
  By MOTOI Ichiro

In the 21st century, has the Ministry of Education, Culture, Sports, Science and Technology lost its ability to carry out national education?
  By NAKAMURA Fumio

How do we confront the structure of forcing teachers to push themselves and telling them not to push themselves?
 —In particular, criticize the state of teacher training, recruitment, and training in "Reiwa Japanese-style schools"
  By SUMITOMO Tsuyoshi

A Study on Home Education Support Leading to the "Well-Being" of All Children and Their Parents
  By YAMAMOTO Siori

Series Papers : Reconsideration of Education Labor Theory
Questioning the correctness of the perception of "SYOKUMU"
—Using the instruction and the Secretary-General's notification after the Special Wage Act was passed as a clue.
By FUKUYAMA Ayako

Series Papers : Learning from the Wisdom of the Predecessors
Traveler MIYAMOTO Tsuneichi
By NAKAMURA Fumio

Free contribution thesis
A Study on the Contents and Methods of Inclusive Education (Childcare): Ideas and Practices of AEMOCON, Bologna, Italy
By KANEKO Tamayo, FUTAMI Taeko

Study Notes

Educational Practice Facing the Nuclear Disaster
—An Analysis of Educational Practices Dealing with the Scientific Aspects of Nuclear Disaster
By MIYASATO Kazuki

A Practical Study of the Significance of Social Security in High School Civics—From the practice of social security education based on welfare regime theory
By MIYAZAKI Mikio

Book Review

English Abstracts

Information about SPEP

Afterword FUKUYAMA Ayako

Annual Bulletin of SPEP NO.15

Contemporary Curriculum Issues and Public Education Planning

Special papers：Overcrowded Curriculum
—Curriculum Issues（Curriculum Overload Theory, etc.）in Contemporary Japan

Exploring two curriculum overload theories

—Focus on the next National Curriculum National Curriculum Standard（Curriculum Guideline）for elementary and middle schools

By OMORI Naoki

Since around 2020, a debate has started in Japan within circles close to the Ministry of Education, Culture, Sports, Science, and Technology (MEXT) concerning the issue of curriculum overload. The first part of this study clarifies whether the theories that have emerged from these discussions can help solve this issue.

It is worth noting that since the 1970s, many suggestions and alternative proposals have been put forward regarding the excessive amount of both class hours and educational content and the burden that these impose on children. In this study, these contributions are referred to as "curriculum overload theories based on educational experience." The second part of this study discusses the characteristics as well as the significance and challenges associated with such theories.

Building on the first two sections, the third part examines the problems associated with the establishment of National Curriculum Standard（curriculum guideline）for elementary and middle schools and their content.

The Logical Structure of Ebihara's "Synthesis Learning" theory and Its Potential

By MOTOI Ichiro

The main theme of this paper is to review the theoretical structure of Jizen Ebihara's "synthesis learning"theory. Through such an examination, this paper discusses the potential of Ebihara's "synthesis learning"theory for contemporary curriculum reform.

In any case, the potential of Ebihara's "synthesis learning"theory indicates a direction for teaching theory as the basis for curriculum reform theory. It can be concluded that Ebihara's"synthesis learning"theory, as examined in this paper, possesses important theoretical implications for the shift from the subject learning to the synthesis learning in relation to curriculum reform theory.

Symposium of the 15th Conference

Purpose of the Symposium
　By MOTOI Ichiro

In the 21st century, has the Ministry of Education, Culture, Sports, Science and Technology lost its ability to carry out national education?
　By NAKAMURA Fumio

How do we confront the structure of forcing teachers to push themselves and telling them not to push themselves?
　—In particular, criticize the state of teacher training, recruitment, and training in "Reiwa Japanese-style schools"
　By SUMITOMO Tsuyoshi

A Study on Home Education Support Leading to the "Well-Being" of All Children and Their Parents
　By YAMAMOTO Siori

Series Papers : Reconsideration of Education Labor Theory

Questioning the correctness of the perception of "SYOKUMU"
—Using the instruction and the Secretary-General's notification after the Special Wage Act was passed as a clue.
　By FUKUYAMA Ayako

The Ministry of Education, Culture, Sports, Science and Technology (MEXT) states that there is a 'non-SYOKUMU' in the KOUMU which means all the required work. The MEXT's view of this 'SYOKUMU' should not be taken for granted. It is the responsibility of those, as their employers, who have teachers and staff work, to manage their working situation not to harm their health and welfare by unlimited and unregulated Overtime, We believe that the current way of perceiving the 'SYOKUMU' of teachers should be appropriately amended in accordance with the '1972 Instruction', the '1971 Administrative Secretary's Circular' and the current Special Wage Act, and return to the original position of protecting teachers.

Series Papers : Learning from the Wisdom of the Predecessors

Traveler　MIYAMOTO　Tsuneichi

By NAKAMURA Fumio

Folklore scholar MIYAMOTO Tsuneichi says two things. The first is a re-evaluation of the way democratic meetings should be held, that is, the Yoriai "that has been practiced since ancient times. The second is the significance of being a "Sekensi" as a community leader. Sekensi is someone who has gained a lot of experience by walking all over the place since he was young. This is a reassessment of the role of the "Sekensi" with leadership role in community group.

Free contribution thesis

A Study on the Contents and Methods of Inclusive Education (Childcare): Ideas and Practices of AEMOCON, Bologna, Italy

By KANEKO Tamayo, FUTAMI Taeko

This paper is based on a study of AEMOCON in Italy to understand the inclusive and intervention perspectives for advancing inclusive education (childcare) classes and activities, and to examine the possibility of simultaneously advancing inclusive education (childcare) and deepening the essence of the subject matter in the area of music education activities.

As a result, we found that the AEMOCON concept of "The Joy of Knowing and Being" has an inclusive perspective of the group and the school as a whole, as well as a unique perspective to evaluate participation and intervention situations from the perspective of children with disabilities.

It also became clear that music education (childcare) in inclusive education requires professional knowledge and a research attitude that looks at the development of musicality, takes advantage of the child's motivation and desire, and provides favorable conditions for learning.

Future research should focus on "evaluation of the effectiveness of interventions" and "considerations for the process of intervention" as indicated by AEMOCON.

Study Notes

Educational Practice Facing the Nuclear Disaster
— An Analysis of Educational Practices Dealing with the Scientific Aspects of
Nuclear Disaster
By MIYASATO Kazuki
The purpose of this study is to analyze educational practices that treat nuclear disasters
as teaching materials in order to clarify the achievements and challenges of the
educational practices that have been accumulated so far. The analysis was based on
Koyasu's previous research based on the "risk society theory", which emphasizes the
relationship between science and technology and human society.

This paper focuses on the educational concept of Hiraku Toyama, one of the most
influential figures in postwar education. Toyama organized education by classifying
learning methods into two categories: "analytical learning" and "comprehensive
learning", aiming at the self-formation of "views", which is an important concept in the
educational concept. This paper also analyzes educational practices based on "analytical
learning" and "learning".

The educational practices to be analyzed include nuclear issues related to radiation,
such as "cease-and-desist dose exposure" in nuclear disasters.
From the educational practices of treating nuclear disasters as teaching materials, this
paper analyzes mainly educational practices on the theme of radiation, and draws out
suggestions for education in today's advanced scientific and technological society.

A Practical Study of the Significance of Social Security in High School Civics
— From the practice of social security education based on welfare regime theory
By MIYAZAKI Mikio
The purpose of this study is to introduce a new perspective into the study of social
security in civics education, because it is not possible to develop a practice that goes into the
significance of the social security system and the ideal way of government based on it in
classes that rely on National Curriculum Standard (Curriculum Guideline) for high school
and its explanations. In order to have the students consider the significance of the social
security system, we have replaced the three regimes (liberal regime, social democratic
regime, and conservative regime) with the government-dependent (Nordic regime), family-
dependent (Japanese regime), and market-dependent (U.S. regime) regimes.

学会動向・学会関係記事

公教育計画学会動向

<2023年 6 月～2024年 5 月>

2023年 6 月18日	2023年度定期総会を開催し、2022年度事務局体制の引継ぎ経過報告、2022年度決算・監査報告。
。	2023年度計画及び予算案を承認。
	併せて、第 1 回理事会および研究集会を開催。
2023年 8 月10日	第 1 回編集委員会を開催。
2023年 9 月15日	第 2 回編集委員会を開催。
2022年10月22日	第 3 回編集委員会を開催。
2022年11月 5 日	2023年度公教育計画学会研究大会開催。同日、第 2 回理事会、第 4 回編集委員会を開催。
2024年 1 月20日	第 5 回編集委員会を開催。
2024年 3 月10日	第 6 回編集委員会を開催。

（文責・公教育計画学会事務局）

公教育計画学会会則

（名称）

第1条　本学会は、公教育計画学会（The Society for Public Education Planning）という。

（目的）

第2条　本学会は、学問・研究の自由を尊重し、公教育計画に関する理論的、実践的研究の発展に寄与するとともに、教育行政及び行政施策の提言を積極的に行うことを目的とする。

（事業）

第3条　本学会は、前条の目的を達成するため、次の各号の事業を行う。

　　　　一　　大会や研究集会等の研究活動の推進

　　　　二　　政策提言活動等の推進

　　　　三　　学会誌、学会ニュース、その他の出版物の編集・刊行

　　　　四　　その他、本学会の目的を達成するために必要な事業

（会員）

第4条　本学会の会員は、本学会の目的に賛同し、公教育計画又はこれに関係のある理論的、実践的研究に従事する者あるいは公教育計画研究に関心を有する者で、理事の推薦を受けた者とする。

　　2　　会員は、会費を納めなければならない。

（役員の及び職務）

第5条　本学会の事業を運営するために次の各号の役員をおく。

　　　　一　　会長　　　　　1名

　　　　二　　副会長　　　　1名

　　　　三　　理事　　　　　20名以内

　　　　三　　常任理事　　　若干名

　　　　四　　監査　　　　　2名

　　2　　会長は、本学会を代表し、理事会を主宰する。会長に事故ある時は、副会長がその職務を代行する。

（役員の選挙及び任期）

第6条　理事は、会員の投票により会員から選出される。

　　2　　会長は、理事の互選により選出し、総会の承認を受ける。

　　3　　副会長及び常任理事は、会長が理事の中から選任し、理事会の承認を受け、総会に報告する。

　　4　　監査は、会長が理事以外の会員より推薦し、総会の承認を受けて委嘱する。監査は、会計監査を行い、その結果を総会に報告するものとする。

　　5　　役員の任期は3年とし、再選を妨げない。ただし、会長は2期を限度とする。

（事務局）

第 7 条　本学会に事務局をおく。

　　2　　本学会の事務を遂行するため、事務局長 1 名、事務局次長 1 名、幹事若干名をおく。

　　3　　事務局長・事務局次長は、理事の中から理事会が選任する。

　　4　　幹事は、理事会が選任する。

（総会）

第 8 条　総会は会員をもって構成し、本学会の事業及び運営に関する重要事項を審議決定する。

　　2　　定例総会は毎年 1 回開催し、会長が招集する。

（会計）

第 9 条　本学会の経費は会費、入会金、寄付金、その他をもって充てる。

　　2　　会費（学会誌購入費を含む）は年間5,000円（減額会員は3,000円）とする。減額会員については、理事会申合せによる。

　　3　　入会金は2,000円とする。

　　4　　本学会の会計年度は 4 月 1 日から翌年 3 月31日までとする。

（会則の改正）

第10条　本会則の改正には、総会において出席会員の 3 分の 2 以上の賛成を必要とする。

第11条　本会則の実施に必要な規程は理事会が定める。

附則

　　1　　本会則は2009年 9 月27日より施行する。

　　2　　第 4 条の規定にかかわらず、本学会創立時の会員は理事の推薦を要しない。

　　3　　第 6 条の規定にかかわらず、本学会創立時の理事は総会で選出する。

　　4　　本会則は、2014年 6 月21日に改定し、施行する。

　　5　　第 9 条の「減額会員」等に関する会計処理は、以下の申合せ事項に基づいて処理する。

　　申し合わせ事項 1　減額会員について

　　　　減額会員は年所得105万円を目安として、自己申告によるものとする。

　　申し合わせ事項 2　介護者・通訳者の参加費・懇親会費について

　　　　大会参加費は、介助者・通訳者については無料とする。ただし、研究に関心のある介助者・通訳者は有料とする。懇親会費は、飲食しない介助者・通訳者は無料とする。研究に関心の有無は、原則として自己申告によるものとする。介助者・通訳者で有料となった場合は、他の参加者と同様の区分に従って大会参加費を徴収する。

　　6　　本会則は、2022年 6 月18日に改定し、施行する。

公教育計画学会会長・理事選出規程

(目的)
第1条　本規定は、公教育計画学会会則第6条に基づき、本学会の会長及び理事の選出方法について定める。

(理事の定数)
第2条　理事定数は20名以内とし、全国1区とする。

(会長及び理事の選出方法)
第3条　理事に立候補しようとする会員は、公示された立候補受付期間中に、定めた立候補届出用紙に必要事項を記入し、選挙管理委員長に提出しなければならない。
　　2　選挙管理委員長は、候補者受付期間中に届出のあった候補者の氏名を会員に公示しなければならない。

第4条　理事の選出は会員の無記名投票(連記式)により行う。ただし、定数以下の連記も有効とする。
　　2　理事当選者は票数順とし、同順位の場合は選挙管理委員会の行う抽選により決定する。

(理事の任期)
第5条　理事の任期は理事選出直後の定期大会終了の翌日より3年後の大会終了までとする。

(選挙管理委員会)
第6条　第3条に規定する理事選出事務を執行するため、会長は会員中より選挙管理委員会の委員を2名指名する。
　　2　選挙管理委員会は互選により委員長を決定する。

(選挙権者及び被選挙権者の確定等)
第7条　事務局長は、常任理事会の承認を受けて、理事選出の選挙権者及び被選挙権者(ともに投票前年度までの会費を選挙管理委員会設置当日までに収めている者)の名簿を調整しなければならない。
　　2　事務局長は、選挙管理委員会の承認を受けて、選挙説明書その他必要な文書を配布することができる。

(細則の委任)
第8条　本学会の理事選出に関する細則は、理事会の定めるところによる。
附則
　　1　この規程は、2009年9月27日より施行する。
　　2　この規程は、2012年2月19日に改定し、施行する。

公教育計画学会　年報編集委員会規程

第1条　公教育計画学会年報編集委員会は、学会誌「公教育計画研究」の編集及び発行に関する事務を行う。
第2条　当該委員は、理事会が会員の中から選出する。
　　2　委員の定数は、7名以内とし、うち過半数は理事から選出される。

3　　委員長は、理事会の理事の中から選出する。

4　　委員会の互選により委員長 1 名、副委員長 1 名及び常任委員を若干名選出する。

5　　委員長、副委員長及び常任委員は常任編集委員会を編成し、常時、編集事務に当たる。

第 3 条　委員の任期は 3 年とし、交替時期は毎年の総会時とする。

第 4 条　委員会は、毎年 1 回以上会議を開き、編集方針その他について協議するものとする。

第 5 条　編集に関する規定及び投稿に関する要領は別に定める。

第 6 条　編集及び頒布にかかわる会計は、本学会事務局において処理し、理事会及び総会の承認を求めるものとする。

第 7 条　委員会は、その事務を担当する幹事若干名を置くことができる。幹事は、委員会の議を経て委員長が委嘱する。

第 8 条　委員会は事務局に置く。

附則

1　　この規程は2009年 9 月27日より施行する。

2　　この規程は2011年 6 月12日に改定し、施行する。

公教育計画学会年報編集規程

1　　公教育計画研究（以下、年報という）は、公教育計画学会の機関誌であり、原則として年 1 回発行する。

2　　年報は、本学会の研究論文、評論、書評、資料、学会記事、その他会員の研究活動に関する記事を編集・掲載する。

3　　年報に論文等を投稿しようとする会員は、投稿・執筆要領に従い、その年度の編集委員会事務局に送付するものとする。

4　　投稿原稿の採否は編集委員会の会議で決定する。その場合、編集委員会以外の会員に論文の審査を依頼することができる。

5　　掲載予定原稿について、編集委員会は若干の変更を行うことができる。ただし、内容の変更の場合は執筆者との協議による。

6　　編集委員会は、特定の個人又は団体に原稿を依頼することができる。

7　　原稿は原則として返還しない。

8　　写真・図版等での特定の費用を要する場合、執筆者の負担とすることができる。

9　　その他執筆及び構成については執筆要領を確認すること。

10　　抜き刷りについては各自の責任で校正時に直接出版社と交渉すること。

公教育計画学会年報投稿要領
1　　投稿者の資格
　　　　本学会会員に限る。
2　　投稿手続き
（1）　投稿申し込み時期は原則として10月末日とする。ただし、投稿申
　　　　し込みの方法及び日程については、その年度ごとの会報及び学会HP
　　　　に詳細に掲載する。
（2）　論文送付に関しては、オリジナル原稿及びそのコピー1部を送付
　　　　する。なお、原稿をデジタル化して送付する場合には、コピーを送
　　　　付する必要はない。投稿者は、オリジナル原稿を必ず保存しておく
　　　　こと。
（3）　論文の送付等にあたっては、次のものを必ず添付する。
　　　　所属、氏名（ふりがな）、連絡先住所、電話番号、FAX番号、E-mail
　　　　アドレス、ただし、氏名に関しては、和文・英文両方を併記するこ
　　　　と。
3　　原稿締め切り
　　　　原稿の種類により締め切りは異なる。
（1）　投稿論文、公教育計画研究レポート及び研究ノートは、原則、1月
　　　　10日。ただし、各年度の会報及び学会HP上にて詳細は、明示する。
（2）　上記以外の原稿については、別途指定する。
　　　　いずれの原稿も、指定された期限までに学会事務局あるいは年報
　　　　編集委員会まで必着とする。

公教育計画学会年報執筆要領
1　　投稿論文等（投稿論文、公教育計画研究レポート、依頼原稿）の
　　　　枚数など。
（1）　投稿論文は、横書き、35字×32行のフォームで16枚以内とする。
（2）　公教育計画研究レポート及び研究ノートは、横書き、35字×32行
　　　　の書式で10〜14枚以内とする。
（3）　特集論文などの依頼論文については、編集委員会の判断を経て論
　　　　文枚数など別途指定し、通知する。
2　　投稿論文などの提出時に付ける本文以外の諸項目
（1）　論文表題、氏名、所属
（2）　論文要旨（和文400字以内）
（3）　表題、氏名の英文表記と論文要旨の英訳（200語程度）
3　　本文については、節、項、目、例、図表等は、番号または適当な
　　　　表題を付ける。
　　　　注および引用文献は、体裁を整えて、文末に一括して併記する。
　　　　図表等については、通し番号を付けて、文章中に挿入する位置を
　　　　オリジナル原稿の右隅に、通し番号を付記して明示する。表組資料

などは、オリジナルデータを論文と同時に送付する。
　　引用文献、参考文献の表記は以下を参考に作成する。
（1）　論文の場合―著者名、論文名、掲載雑誌名など、巻、号、発行年、頁の順で表記。
（2）　単行本の場合―著者名、書名、発行所、発行年、頁の順で表記。
（3）　webサイトからの引用は、URLの他に引用・参照時の年月日および作成者（著作権者）を付記。
　4　　校正について
（1）　著者校正は初稿のみとする。
（2）　校正は最小限度の字句、数字の修正にとどめる。
　5　　執筆に関する事項について不明な点などがある場合には、その年度の編集委員会に問い合わせること。

公教育計画学会申し合わせ事項

Ⅰ　会費納入に関する申し合わせ
　1　　会員は、当該年度の大会開催時までに当該年度会費を納入するものとする。
　2　　大会における自由研究発表及び課題研究等の発表者は、当該年度の会費を完納するものとする。
　3　　会長及び理事選挙における有権者または被選挙権者は、選挙前年度までの会費を前年度末までに完納している会員でなければならない。
Ⅱ　長期会費未納会員に関する申し合わせ
　1　　会費未納者に対しては、その未納会費の年度に対応する年報を送らない。
　2　　会費が3年以上未納となっている会員は、次の手順により退会したものとみなす。
Ⅲ　未納3年目の会計年度終了に先立つ相当な期間と学会事務局が認めた時期において、当該会費未納会員に対し、相当の期間を定めて、会費未納を解消することを催告し、かつ期限内に納入されない場合には退会したものとして取り扱う。
Ⅳ　学会事務局は、前項督促期間内に会費を納入しなかった会員の名簿を調整し、理事会の議を経て退会を決定する。

公教育計画学会役員一覧
[第 5 期　役員（2021年 6 月〜）]
会　長　　元井　一郎（10周年記念事業担当）
副会長　　石川　多加子
理　事　　相庭　和彦（年報編集委員長）
　　　　　池田　賢市
　　　　　一木　玲子
　　　　　加藤　　忠（事務局長）
　　　　　国祐　道広
　　　　　小泉　祥一
　　　　　住友　　剛
　　　　　菅原　秀彦（事務局次長）
　　　　　福山　文子
　　　　　矢吹　芳洋
　　　　　　※　理事は全員常任理事を兼ねる

監　査　　古市　　恵
　　　　　山口　伸枝

幹　事　　武波　謙三
　　　　　戸倉　信昭
　　　　　戸張　　治
　　　　　中村　文夫
　　　　　水野　鉄也
　　　　　山城　直美

年報編集委員会委員一覧
[第 5 期（2021年 6 月〜）]
委員長　　相庭　和彦
副委員長　福山　文子
　　　　　住友　　剛
　　　　　大森　直樹
　　　　　一木　玲子
編集幹事　山本　詩織
　　　　　田口　康明
英文校閲　元井　一郎

編集後記

　今号の特集テーマの大切なワードは、カリキュラムである。カリキュラムは過重負担化しているといわれるが、そもそもカリキュラムはだれの何のためのものなのか、そして過重負担化しているカリキュラムは、子ども達の教育を受ける権利に照らして果たして適正といえるのか。是非、2本の論考を通し、読者一人ひとりに考えて頂ければと思う。

　また私事ともいえるが、今号では、【連載：教育労働を考える】のコーナーで、現在の文科省の教員の「職務」の捉え方について、給特法成立直後の訓令等を手掛かりとしながら、その正しさについて問う機会を得た。必要とされるすべての仕事である「校務」を「職務ではない」とする文科省の捉え方に背理はないだろうか。必要とされるすべての仕事である以上、「校務」を「職務」と認め、予算措置をとるべきではないのか。また、「校務」が「職務ではない」というのであれば、校務を止めさせる責任が文科省にはあるはずであろうし、予算措置もとらず、さらに校務を止めさせる責任も果たさないとしたなら、教員のただ働きの存在を自白したに等しいのではないか。つまり、現在の教員の職務の捉え方を所与のものとしていいのか、勤務させる側の責任が曖昧にされている現状についても、是非考えて頂ければと思う。

　教育を受ける権利について規定している日本国憲法第二十六条に関わり「教師の労働状態等の学校環境の改善も、教育に関する条件整備要求権の内容として認められるのでないか」との指摘がある。オーバーカリキュラム等により、教員の労働状態はさらに厳しいものになっている。教育をめぐる様々な課題を、子ども達の教育を受ける権利という視点から捉え直す必要をあらためて感じている。

　末筆ながら、投稿をして下さった方々、大変お忙しい中依頼原稿のご執筆を快くお引き受け下さった方々に厚くお礼を申し上げる。そして、前号に引き続き、折に触れ編集委員会事務局の相談に乗って下さった八月書館の尾下様に、心よりの謝意を捧げたい。

（年報編集委員　福山 文子）

公教育計画研究15

［公教育計画学会年報15号］

特集：過重負担化するカリキュラム

　　——カリキュラム・オーバーロード論を手掛かりに

発行日　2024年6月25日
編　集　公教育計画学会年報編集委員会
発行者　公教育計画学会学会事務局
　　　　〒029-4206　岩手県奥州市前沢字簾森37-215

発売所　株式会社八月書館
　　　　〒113-0033　東京都文京区本郷2 - 16 - 12 ストーク森山302
　　　　　TEL 03-3815-0672　FAX 03-3815-0642
　　　　　振替 00170-2-34062
印刷所　創栄図書印刷株式会社

ISBN978-4-909269-23-2　　　　　定価はカバーに表示してあります